17

DAS ANDERE
DAS ANDERE
DAS ANDERE
DAS ANDERE
DAS ANDERE

EDITORA AYINE

Belo Horizonte | Veneza

Joseph Brodsky
POEMAS DE NATAL

TRADUÇÃO | Aurora Fornoni Bernardini
EDIÇÃO | Danilo Hora
PREPARAÇÃO | Silvia Massimini Felix
REVISÃO | Andrea Stahel

SUMÁRIO

POEMAS DE NATAL

10 Рождественский романс
Romança de Natal

16 1 января 1965 года
1º de janeiro de 1965

20 Речь о пролитом молоке
Discurso sobre o leite derramado

54 Anno Domini
Anno Domini

62 ***(Второе Рождество на берегу)
***(O segundo Natal à beira)**

66 24 декабря 1971 года
24 de dezembro de 1971

72 Лагуна
Laguna

82 ***(Замерзший кисельный берег.)
***(Beira gelada de creme.)**

86 ***(Снег идет, оставляя весь мир ...)
***(Cai a neve e deixa o mundo inteiro ...)**

88 Рождественская звезда
A estrela de Natal

90	Бегство в Египет **Fuga para o Egito**
92	***(Представь, чиркнув спичкой ...) *****(Pensa na gruta, naquela noite ...)**
94	***(Не важно, что было вокруг ...) *****(Não importa o que havia em volta ...)**
96	Presepio **Presépio**
100	Колыбельная **Canção de ninar**
106	25.XII.1993 **25.XII.1993**
108	***(В воздухе — сильный мороз и хвоя.) *****(No ar, gelo forte e agulhas de pinheiro.)**
110	Бегство в Египет (II) **Fuga para o Egito II**

115	**O MARCO REFERENCIAL DO NATAL** *Uma conversa de Joseph Brodsky com Piótr Vail*

POEMAS VERTIDOS PARA O INGLÊS POR JOSEPH BRODSKY

137	**January 1, 1965**
139	**December 24, 1971**
143	**Star of the Nativity**
145	**Nativity**
147	**Lullaby**

151   Notas dos poemas
159   Índice dos poemas
163   Biografia

РОЖДЕСТВЕНСКИЕ СТИХИ

POEMAS DE NATAL

РОЖДЕСТВЕНСКИЙ РОМАНС

*Евгению Рейну
с любовью*

Плывет в тоске необъяснимой
среди кирпичного надсада
ночной кораблик негасимый
из Александровского сада,
ночной фонарик нелюдимый,
на розу желтую похожий,
над головой своих любимых,
у ног прохожих.

Плывет в тоске необъяснимой
пчелиный хор сомнамбул, пьяниц.
В ночной столице фотоснимок
печально сделал иностранец,
и выезжает на Ордынку
такси с больными седоками,
и мертвецы стоят в обнимку
с особняками.

Плывет в тоске необъяснимой
певец печальный по столице,

ROMANÇA DE NATAL

Para Evguéni Rein
com afeto

Navega numa pena inexplicável
por entre a extensão rasgada de tijolos
o barco noturno inextinguível,
vindo dos Jardins Alexandrinos,[1]
solitário lampião em meio à noite,
a uma rosa amarela semelhante,
sobre a cabeça dos amantes
que passam a seus pés.

Navega numa pena inexplicável
o coro zunindo de bêbados, sonâmbulos.
Na capital noturna, um estrangeiro
bateu uma chapa, tristemente,
e dirige-se à Ordynka[2]
o táxi com cavaleiros doentes,
enquanto, abraçados aos palacetes,
estão os mortos.

Navega numa pena inexplicável
um triste cantor pela cidade,

стоит у лавки керосинной
печальный дворник круглолицый,
спешит по улице невзрачной
любовник старый и красивый.
Полночный поезд новобрачный
плывет в тоске необъяснимой.

Плывет во мгле замоскворецкой
пловец в несчастие случайный,
блуждает выговор еврейский
на желтой лестнице печальной,
и от любви до невеселья
под Новый год, под воскресенье,
плывет красотка записная,
своей тоски не объясняя.

Плывет в глазах холодный вечер,
дрожат снежинки на вагоне,
морозный ветер, бледный ветер
обтянет красные ладони,
и льется мед огней вечерних,
и пахнет сладкою халвою,
ночной пирог несет сочельник
над головою.

junto à venda, onde compram querosene,
está o porteiro face-de-lua-cheia,
pela rua tristonha se amofina
um velho amante ainda faceiro.
O trem da meia-noite, mal casado,
navega numa pena inexplicável.

Navega, na escuridão de Zamoskvoriéts,[3]
o nadador que nada ignaro para o azar,
e nas tristes escadas cor de âmbar
ecoa a conversa do falante hebreu,
domingo, na vigília do Ano-Novo,
do amor vinda, mas aflita à revelia,
navega uma beleza celebrada
sem explicar a sua melancolia.

Navega a tarde fria nos teus olhares,
tremem flocos de neve no vagão,
o vento gélido, o vento pálido
gruda na palma roxa da tua mão,
e escorre o mel das luzes vespertinas
e cheira o ar a doce de khalvá,[4]
e a torta da noite traz alta sobre a testa
a vigília da festa.

Твой Новый год по темно-синей
волне средь шума городского
плывет в тоске необъяснимой,
как будто жизнь начнется снова,
как будто будут свет и слава,
удачный день и вдоволь хлеба,
как будто жизнь качнется вправо,
качнувшись влево.

28 декабря 1961

Teu Novo Ano na onda azul-escura
no meio do mar dos telhados da cidade
navega numa pena inexplicável,
como se a vida de novo começasse,
como se êxito e fama prometessem,
e um dia feliz e o pão em abundância,
como se a vida pudesse endireitar-se
ao se entortar.

28 de dezembro de 1961

1 ЯНВАРЯ 1965 ГОДА

Волхвы забудут адрес твой.
Не будет звезд над головой.
И только ветра сиплый вой
расслышишь ты, как встарь.
Ты сбросишь тень с усталых плеч,
задув свечу, пред тем как лечь.
Поскольку больше дней, чем свеч,
сулит нам календарь.

Что это? Грусть? Возможно, грусть.
Напев, знакомый наизусть.
Он повторяется. И пусть.
Пусть повторится впредь.
Пусть он звучит и в смертный час,
как благодарность уст и глаз
тому, что заставляет нас
порою вдаль смотреть.

И молча глядя в потолок,
поскольку явно пуст чулок,

1º DE JANEIRO DE 1965

Os Magos esquecerão teu paradeiro.
Não haverá estrela sobre a tua cabeça.
E apenas o rouco uivar do vento
ouvirás tu, como antigamente.
Arrancarás a sombra dos teus ombros lassos
e apagarás a vela antes de te deitar.
Visto haver dias mais do que candeias,
isto nos promete o calendário.

Essa, o que é? Tristeza? Talvez seja.
O refrão, de cor já conhecido.
E daí que ele seja repetido?
Que assim continue, daqui em diante.
Que ressoe também na hora da morte,
qual gratidão dos lábios, das pupilas,
por aquilo que às vezes nos instiga
a lançar para a frente o nosso olhar.

E, olhando em silêncio para o teto,
pois ficou claro que a meia está vazia,[1]

поймешь, что скупость — лишь залог
того, что слишком стар.
Что поздно верить чудесам.
И, взгляд подняв свой к небесам,
ты вдруг почувствуешь, что сам
— чистосердечный дар.

январь 1965

compreenderás que a avarícia é garantia
da velhice que, há tempos, já chegou.
Que crer em milagres é tardio.
E, levantando o olhar ao firmamento,
sentirás que tu mesmo és, de repente,
de peito aberto — dado de presente.

Janeiro, 1965

РЕЧЬ О ПРОЛИТОМ МОЛОКЕ

I

1

Я пришел к Рождеству с пустым карманом.
Издатель тянет с моим романом.
Календарь Москвы заражен Кораном.
Не могу я встать и поехать в гости
ни к приятелю, у которого плачут детки,
ни в семейный дом, ни к знакомой девке.
Всюду необходимы деньги.
Я сижу на стуле, трясусь от злости.

2

Ах, проклятое ремесло поэта.
Телефон молчит, впереди диета.
Можно в месткоме занять, но это —
все равно, что занять у бабы.
Потерять независимость много хуже,
чем потерять невинность. Вчуже,
полагаю, приятно мечтать о муже,
приятно произносить «пора бы».

DISCURSO SOBRE O LEITE DERRAMADO

I

1
Cheguei ao Natal e meu bolso está furado.
O editor vai protelando o meu salário.
E Moscou? O alcorão afetou-lhe o calendário.
Não posso me mandar me autoconvidando
para a casa de um amigo com filhos berrando
ou de algum familiar, ou de alguma garota.
Em todo lugar é preciso dinheiro.
Sento raivoso e começa a tremedeira.

2
Ah, maldito ofício de poeta.
O telefone cala, só vejo adiante a dieta.
E se emprestasse do nosso sindicato?
Mas é como se uma mulher me tivesse dado.
Perder a independência é bem pior
do que perder a inocência. Sem sabê-lo,
suponho que pensar em casamento seja belo,
e belo proferir «já não era sem tempo».

3

Зная мой статус, моя невеста
пятый год за меня ни с места;
и где она нынче, мне неизвестно:
правды сам черт из нее не выбьет.
Она говорит: «Не горюй напрасно.
Главное — чувства! Единогласно?»
И это с ее стороны прекрасно.
Но сама она, видимо, там, где выпьет.

4

Я вообще отношусь с недоверьем к ближним.
Оскорбляю кухню желудком лишним.
В довершенье всего, досаждаю личным
взглядом на роль человека в жизни.
Они считают меня бандитом,
издеваются над моим аппетитом.
Я не пользуюсь у них кредитом.
«Наливайте ему пожиже!»

5

Я вижу в стекле себя холостого.
Я факта в толк не возьму простого,
как дожил до Рождества Христова
Тысяча Девятьсот Шестьдесят Седьмого.
Двадцать шесть лет непрерывной тряски,

3
Conhecendo a situação, a minha namorada
há anos adia a decisão a ser tomada;
não sei onde ela está, isso é um mistério:
nem o diabo tira dela o verdadeiro.
Ela diz: «Não esquenta inutilmente
— o que importa mesmo é o sentimento!
Todos concordam?». Vindo dela é estupendo.
Mas pelo visto continua bebendo.

4
Do meu próximo em geral eu duvido.
Meu estômago faminto ofende a cozinha.
Incomodo, ainda por cima, com minha
visão do papel do homem na vida.
Costumam considerar-me um bandido,
desfazem do meu apetite.
Meu crédito inexiste.
«Não deem bola pra ele», dizem eles.

5
No espelho vejo-me celibatário.
Eu não entendo um fato tão primário:
como vivi até o Natal de Cristo
de mil novecentos e sessenta e cinco.
Vinte e seis anos de choques, sempre mais,

рытья по карманам, судейской таски,
ученья строить Закону глазки,
изображать немого.

6

Жизнь вокруг идет как по маслу.
(Подразумеваю, конечно, массу.)
Маркс оправдывается. Но, по Марксу,
давно пора бы меня зарезать.
Я не знаю, в чью пользу сальдо.
Мое существование парадоксально.
Я делаю из эпохи сальто.
Извините меня за резвость!

7

То есть, все основания быть спокойным.
Никто уже не кричит: «По коням!»
Дворяне выведены под корень.
Ни тебе Пугача, ни Стеньки.
Зимний взят, если верить байке.
Джугашвили хранится в консервной банке.
Молчит орудие на полубаке.
В голове моей — только деньги.

revistam-me os bolsos, levam-me a tribunais,
aprendo com a Lei a coquetear, e
finjo não saber falar.

6

A vida é mansa à minha volta, no entrementes.
(A das massas, é claro, subentende-se.)
Marx realizou-se. Mas, se Marx chegou ao seu
                          [porto,
há tempos eu deveria ter sido morto.
Não sei quem ganharia com esse saldo.
Minha existência é paradoxal.
Dou um salto para fora do meu tempo.
Desculpem-me pelo atrevimento!

7

Ou seja, há tudo para se acalmar.
Já não há mais quem grite: «A cavalo, montar!».
Os nobres, arrancados por inteiro.
Não há mais Pugatchôv nem Stenka Rázin.[1]
O Palácio de Inverno, tomado — relata a gente.
Djugachvili[2] é conservado em lata.
O canhão da proa cala e consente.
Na minha cabeça — só há dinheiro.

8

Деньги прячутся в сейфах, в банках,
в чулках, в полу, в потолочных балках,
в несгораемых кассах, в почтовых бланках.
Наводняют собой Природу!
Шумят пачки новеньких ассигнаций,
словно вершины берез, акаций.
Я весь во власти галлюцинаций.
Дайте мне кислороду!

9

Ночь. Шуршание снегопада.
Мостовую тихо скребет лопата.
В окне напротив горит лампада.
Я торчу на стальной пружине.
Вижу только лампаду. Зато икону
я не вижу. Я подхожу к балкону.
Снег на крышу кладет попону,
и дома стоят, как чужие.

II

10

Равенство, брат, исключает братство.
В этом следует разобраться.
Рабство всегда порождает рабство.

8

Dinheiro se esconde em cofres, bancos,
nas meias, no teto, nas tábuas do assoalho,
em caixas de segurança, em formulários.
Transborda inundando a Natureza!
Estalam maços novos de notas, que beleza,
como a copa de bétulas, acácias.
Sou todo presa de alucinação.
Deem-me um pouco de oxigenação!

9

É noite. Há um farfalhar na rua nevada.
Range, baixando, uma pá na calçada.
Na janela em frente bruxuleia a lamparina.
E eu, com a mola da cama me amofino.
Vejo só o pavio. Não vejo o ícone.
Do balcão me aproximo.
A neve estende seu manto nos telhados
e as casas ficam como gente de outro lado.

II

10

A igualdade não prevê fraternidade, irmão.
É preciso ter isso claro em vista.
Escravidão só gera escravidão.

Даже с помощью революций.
Капиталист развел коммунистов.
Коммунисты превратились в министров.
Последние плодят морфинистов.
Почитайте, что пишет Луций.

11

К нам не плывет золотая рыбка.
Маркс в производстве не вяжет лыка.
Труд не является товаром рынка.
Так говорить — оскорблять рабочих.
Труд — это цель бытия и форма.
Деньги — как бы его платформа.
Нечто помимо путей прокорма.
Размотаем клубочек.

12

Вещи больше, чем их оценки.
Сейчас экономика просто в центре.
Объединяет нас вместо церкви,
объясняет наши поступки.
В общем, каждая единица
по своему существу — девица.
Она желает объединиться.
Брюки просятся к юбке.

Mesmo com a ajuda da revolução.
Foi o capitalista quem criou os comunistas.
E os comunistas tornaram-se ministros.
Estes últimos põem no mundo morfinistas.
Comecem a ler o que o Luciano diz.

11
Não há peixe dourado nadando para nós.
Marx de produção não entende picas.
O trabalho não é mercadoria de troca.
Dizer isso é de quem trabalha fazer troça.
Trabalho é da vida fim e forma.
Dinheiro — como que sua plataforma.
Algo além dos meios de sustento.
Vamos deslindar a meada num momento.

12
As coisas valem mais do que a sua estima.
Hoje, simplesmente, está no centro a economia.
Junta-nos como outrora a sacristia,
explica-nos nossos comportamentos.
Em geral, cada ser, tomado em si,
é uma donzela — essencialmente.
O que a donzela quer é se acoplar.
O que querem as calças é se assanhar.

13

Шарик обычно стремится в лузу.
(Я, вероятно, терзаю Музу.)
Не Конкуренции, но Союзу
принадлежит прекрасное завтра.
(Я отнюдь не стремлюсь в пророки.
Очень возможно, что эти строки
сократят ожиданья сроки:
«Год засчитывать за два».)

14

Пробил час и пора настала
для брачных уз Труда — Капитала.
Блеск презираемого металла
(дальше — изображенье в лицах)
приятней, чем пустота в карманах,
проще, чем чехарда тиранов,
лучше цивилизации наркоманов,
общества, выросшего на шприцах.

15

Грех первородства — не суть сиротства.
Многим, бесспорно, любезней скотство.
Проще различье найти, чем сходство:
«У Труда с Капиталом контактов нету».
Тьфу-тьфу, мы выросли не в Исламе,

13

As bolinhas tendem a ir pro furo.
(Com certeza já cansei a minha Musa.)
Não é à Concorrência, mas à União
que pertence o esplêndido amanhã.
(De jeito nenhum quero prever o futuro.
Mas é bem possível que estas linhas
encurtem os termos de espera, pois:
«Conte-se um ano em vez de dois».)

14

Já bateu a hora; é o momento da chegada
da conjugação entre Trabalho e Capital.
O luzir do desprezível metal
(prometo doravante nomear os bois)
mais que o rombo dos bolsos é agradável,
mais simples que o balanço dos tiranos,
melhor que uma civilização de narcômanos,
que uma sociedade nutrida por picadas.

15

O pecado original não é a razão dessa orfandade.
Muitos, sem discussão, gostam da bestialidade.
Mais fácil é olhar a diferença que a similaridade.
«Entre Capital e Trabalho não há relação.»
Isola, isola, não nascemos do Islão,

хватит трепаться о пополаме.
Есть влечение между полами.
Полюса создают планету.

16

Как холостяк я грущу о браке.
Не жду, разумеется, чуда в раке.
В семье есть ямы и буераки.
Но супруги — единственный вид владельцев
того, что они создают в усладе.
Им не требуется «Не укради».
Иначе все пойдем Христа ради.
Поберегите своих младенцев!

17

Мне, как поэту, все это чуждо.
Больше: я знаю, что «коемуждо...»
Пишу и вздрагиваю: вот чушь-то,
неужто я против законной власти?
Время спасет, коль они неправы.
Мне хватает скандальной славы.
Но плохая политика портит нравы.
Это уж — по нашей части!

nos basta com nossa metade a diversão.
Entre os sexos a atração é a meta.
E os dois polos é que formam o planeta.

16
Como solteiro, encanta-me o casório.
Claro que não espero milagres no ofertório.
Em família há poças, há grotões.
Mas o casal é o único tipo de patrões
daquilo que criaram ao gozar.
Ninguém exige dele «não roubar».
Caso contrário seríamos todos indigentes.
Cuidem, isso sim, de seus rebentos!

17
Como poeta, tudo isso me é alheio.
Melhor: eu sei que «a cada um o seu...».
Escrevo e estremeço: é disparate ou o quê?
Irei eu contra o legítimo poder?
Se eles erraram, o tempo há de salvar-nos.
A fama de escandaloso irá bastar-me.
A má política põe os costumes a perder.
Mas isso é algo que de nós vai depender.

18

Деньги похожи на добродетель.
Не падая сверху — Аллах свидетель, —
деньги чаще летят на ветер
не хуже честного слова.
Ими не следует одолжаться.
С нами в гроб они не ложатся.
Им предписано умножаться,
словно в баснях Крылова.

19

Задние мысли сильней передних.
Любая душа переплюнет ледник.
Конечно, обществу проповедник
нужней, чем слесарь, науки.
Но, пока нигде не слыхать пророка,
предлагаю — дабы еще до срока
не угодить в объятья порока:
займите чем-нибудь руки.

20

Я не занят, в общем, чужим блаженством.
Это выглядит красивым жестом.
Я занят внутренним совершенством:
полночь — полбанки — лира.
Для меня деревья дороже леса.

18
Se assemelha o dinheiro ao bem-fazer.
Ele não cai do céu — Alá que o diga —,
o vento é quem o leva — muitas vezes —
não menos que as promessas garantidas.
Não convém emprestá-lo de ninguém.
Conosco na cova é que ele não vem.
A ele só cabe se multiplicar.
Como ensina Krylóv[3] em seu contar.

19
O pensar oculto é mais forte que o patente.
Pula pra lá do gelo, qualquer gente.
É claro que, à sociedade, o pregador
é mais preciso que o cientista ou o ajustador.
Mas, não havendo pregador de dentro ou fora —
pra não cair no pecado antes da hora —,
aconselho a todos ser cordato,
ocupar suas mãos com algo de ajuizado.

20
Não me ocupo da beatitude de quem for.
Isso seria um bom gesto a meu favor.
O que me ocupa é a perfeição interior:
meia garrafa e a lira à meia-noite.
Mais valiosa é a árvore que o bosque.

У меня нет общего интереса.
Но скорость внутреннего прогресса
больше, чем скорость мира.

21

Это — основа любой известной
изоляции. Дружба с бездной
представляет сугубо местный
интерес в наши дни. К тому же
это свойство несовместимо
с братством, равенством, и, вестимо,
благородством невозместимо,
недопустимо в муже.

22

Так, тоскуя о превосходстве,
как Топтыгин на воеводстве,
я пою вам о производстве.
Буде указанный выше способ
всеми правильно будет понят,
общество лучших сынов нагонит,
факел разума не уронит,
осчастливит любую особь.

Nada tenho com o interesse global.
Mas a velocidade do progresso interior
do que a do mundo atual é bem maior.

21
Essa é a base de um notório isolamento.
A amizade pelo abismo representa
um interesse local, estritamente.
E, além disso, a propriedade é incompatível
com a fraternidade, a igualdade e, obviamente,
para a nobreza da alma é inadmissível;
no varão da criação, é intolerável.

22
Assim sofrendo pela soberania,
como Toptygin[4] pela supremacia,
canto a vocês o canto da produção.
Caso o mundo acima apresentado
for por todos corretamente interpretado,
a sociedade dos seus filhos irá na onda,
não derrubará a tocha da razão
e qualquer pessoa dispensará satisfação.

23

Иначе — верх возьмут телепаты,
буддисты, спириты, препараты,
фрейдисты, неврологи, психопаты.
Кайф, состояние эйфории,
диктовать нам будет свои законы.
Наркоманы прицепят себе погоны.
Шприц повесят вместо иконы
Спасителя и Святой Марии.

24

Душу затянут большой вуалью.
Объединят нас сплошной спиралью.
Воткнут в розетку с этил-моралью.
Речь освободят от глагола.
Благодаря хорошему зелью,
закружимся в облаках каруселью.
Будем спускаться на землю
исключительно для укола.

25

Я уже вижу наш мир, который
покрыт паутиной лабораторий.
А паутиною траекторий
покрыт потолок. Как быстро!
Это неприятно для глаза.

23
Caso contrário será a vez dos telepatas,
dos budistas, espíritas, apotequistas,
freudistas, neurologistas, psicopatas.
Irão nos ditar normas e decretos
a fissura e o estado de euforia,
os drogados na roupa pregarão seus graus,
a seringa nos ícones ficará em lugar
do Salvador e da Virgem Maria.

24
Hão de velar a alma com um grande véu.
E vão nos prender numa espiral sem fim.
Com a moral etílica se agarrarão ao butim.
Libertarão a fala do verbo, ao discursar.
Graças a uma mágica poção
ficaremos dando voltas pelo ar
e descansaremos ao chão
exclusivamente para uma injeção.

25
Já vejo o nosso mundo, agora,
numa teia de laboratórios.
E uma teia cobre todo o céu
com suas trajetórias.
Que rápido! Lamentável espetáculo.

Человечество увеличивается в три раза.
В опасности белая раса.
Неизбежно смертоубийство.

26

Либо нас перережут цветные.
Либо мы их сошлем в иные
миры. Вернемся в свои пивные.
Но то и другое — не христианство.
Православные! Это не дело!
Что вы смотрите обалдело?!
Мы бы предали Божье Тело,
расчищая себе пространство.

27

Я не воспитывался на софистах.
Есть что-то дамское в пацифистах.
Но чистых отделять от нечистых —
не наше право, поверьте.
Я не указываю на скрижали.
Цветные нас, бесспорно, прижали.
Но не мы их на свет рожали,
не нам предавать их смерти.

A humanidade por três se multiplica.
A raça branca está em perigo.
Uma luta mortal é inevitável.

26

Ou nos degolam os de cor,
ou os mandamos para outros
mundos. Voltemos à bebedeira.
Mas uma coisa e outra não são
cristãs. Ortodoxos! Isso não
se faz. Por que olham dessa maneira?
Venderíamos o corpo do Nosso Senhor
para desentulhar o nosso chão.

27

Não me educaram os sofistas.
Algo de fêmeo há nos pacifistas.
Mas separar o joio do trigo
não cabe a nós, aceitem o que digo.
Não aponto para as leis da pedra.
Os de cor nos apertam, é verdade.
Mas nós não os parimos, convenhamos,
nem cabe a nós votar sua mortandade.

28

Важно многим создать удобства.
(Это можно найти у Гоббса.)
Я сижу на стуле, считаю до ста.
Чистка — грязная процедура.
Не принято плясать на могиле.
Создать изобилие в тесном мире —
это по-христиански. Или:
в этом и состоит Культура.

29

Нынче поклонники оборота
«Религия — опиум для народа»
поняли, что им дана свобода,
дожили до золотого века.
Но в таком реестре (издержки слога)
свобода не выбрать — весьма убога.
Обычно тот, кто плюет на Бога,
плюет сначала на человека.

30

«Бога нет. А земля в ухабах».
«Да, не видать. Отключусь на бабах».
Творец, творящий в таких масштабах,
делает слишком большие рейды
между объектами. Так что то, что

28

É importante multiplicar comodidades.
(Hobbes disse isso há uma eternidade.)
Sento-me na cadeira e conto um cento.
A limpeza é um porco de um procedimento.
Não se deve dançar sobre uma sepultura.
Acumular fortuna nesse mundo,
isso é cristão. Ou então:
nisso também é que consiste a Cultura.

29

Hoje os que apreciam o dito famoso
«A religião é ópio para o povo»
entenderam que lhes foi dada a liberdade,
viveram até o século dourado.
Mas nesse registro (a métrica me diz)
ser livre de não optar é ser por demais infeliz.
Geralmente aquele que renega a Deus
Renegou antes, no princípio, aos seus.

30

«Deus não existe. E a terra está uma barafunda.»
«Sim, não se vê. Entregar-se ao sexo.»
O Criador, que vê naquela escala nexo,
fez raides grandes demais
entre os objetos. De modo que

там Его царствие, — это точно.
Оно от мира сего заочно.
Сядьте на свои табуреты.

31

Ночь. Переулок. Мороз блокады.
Вдоль тротуаров лежат карпаты.
Планеты раскачиваются, как лампады,
которые Бог возжег в небосводе
в благоговенье своем великом
перед непознанным нами ликом
(поэзия делает смотр уликам),
как в огромном кивоте.

III

32

В Новогоднюю ночь я сижу на стуле.
Ярким блеском горят кастрюли.
Я прикладываюсь к микстуре.
Нерв разошелся, как черт в сосуде.
Ощущаю легкий пожар в затылке.
Вспоминаю выпитые бутылки,
вологодскую стражу, Кресты, Бутырки.
Не хочу возражать по сути.

Seu reino é *lá* no alto — certo.
Mas fica longe demais do nosso mundo.
Sentem já no pufe, todos juntos.

31
É noite. Um beco. O gelo do bloqueio.[5]
Pelas calçadas branquejam os cárpatos.[6]
Feito lumes piscam os planetas
que Deus em Sua grande devoção
acendeu no céu
como num enorme iconostásio
diante de um rosto que ninguém conheceu
(a poesia submete os indícios à verificação).

III

32
No Ano-Novo sento na cadeira.
Num brilho claro brilham as panelas.
Na bebida costumeira eu exagero.
Os nervos soltam-se qual diabo no cercado.
Sinto um leve incêndio em minha nuca.
Lembro as garrafas bebidas no passado,
os guardas do Vólogda, Krestý, Butírki.[7]
Quanto ao essencial, eu não retruco.

33

Я сижу на стуле в большой квартире.
Ниагара клокочет в пустом сортире.
Я себя ощущаю мишенью в тире,
вздрагиваю при малейшем стуке.
Я закрыл парадное на засов, но
ночь в меня целит рогами Овна,
словно Амур из лука, словно
Сталин в XVII съезд из «тулки».

34

Я включаю газ, согреваю кости.
Я сижу на стуле, трясусь от злости.
Не желаю искать жемчуга в компосте!
Я беру на себя эту смелость!
Пусть изучает навоз кто хочет!
Патриот, господа, не крыловский кочет.
Пусть КГБ на меня не дрочит.
Не бренчи ты в подкладке, мелочь!

35

Я дышу серебром и харкаю медью!
Меня ловят багром и дырявой сетью.
Я дразню гусей и иду к бессмертью,
дайте мне хворостину!
Я беснуюсь, как мышь в темноте сусека!

33
No grande apartamento, sento na cadeira.
Um Niágara borbulha na privada vazia.
Sinto-me um alvo que aguarda a pontaria,
estremeço à batida mais ligeira.
Tranquei o portão com cadeado, mas
a noite quer me acertar com chifres de Carneiro
como com a flecha, Cupido; ou com a arma de repetição,
como Stálin, na 17ª seção.

34
Acendo o gás, os ossos aqueço.
Sento na cadeira, tirito de maldade.
Não quero procurar pérolas no estrume!
Deixem que eu assuma essa liberdade!
Quem quiser mexer no adubo que fique à vontade.
Patriota, senhores, não é o galo de Krylóv.
Tomara que a KGB pare de me acochar.
E vocês, trocados, parem de tilintar!

35
Inspiro prata e cuspo cobre!
Pescam-me com isca e com rede esburacada.
Cutuco o ganso a pau e vou à imortalidade.
Deem-me um vergalho!
Enfureço qual rato em celeiro solitário.

Выносите святых и портрет Генсека!
Раздается в лесу топор дровосека.
Поваляюсь в сугробе, авось остыну.

36
Ничего не остыну! Вообще забудьте!
Я помышляю почти о бунте!
Не присягал я косому Будде,
за червонец помчусь за зайцем!
Пусть закроется — где стамеска! —
яснополянская хлеборезка!
Непротивленье, панове, мерзко.
Это мне — как серпом по яйцам!

37
Как Аристотель на дне колодца,
откуда не ведаю что берется.
Зло существует, чтоб с ним бороться,
а не взвешивать на коромысле.
Всех, скорбящих по индивиду,
всех, подверженных конъюнктивиту, —
всех к той матери по алфавиту:
демократия в полном смысле!

Retirem os santos e o retrato de Hensek,[8] secretário.
Nos bosques ressoa o machado do gentio!
Rolo nos montes de neve para ver se esfrio.

36

Esfriar qual nada! Esqueçam tudo, já!
Estou é pensando numa amotinação!
Ao caolho do Buda não prestei juramento,
por dez rublos vou atrás da lebre num momento!
Mas que fique fechado — onde está o formão? —
em Iásnaia Poliána, o fatiador de pão![9]
A não violência, senhores, eu não acato.
Para mim, é como me cortar o saco!

37

Qual Aristóteles no fundo do poço,
não vejo como disso precaver-se.
O mal existe para com ele haver-se,
não para o pesar no travessão.
Os que se doem pelo ser e sentem aflição,
os que estão sujeitos à conjuntivite,
que vão todos à puta que os pariu:
esta é a democracia em pleno sentido!

38

Я люблю родные поля, лощины,
реки, озера, холмов морщины.
Все хорошо. Но дерьмо мужчины:
в теле, а духом слабы.
Это я верный закон накнокал.
Все утирается ясный сокол.
Господа, разбейте хоть пару стекол!
Как только терпят бабы?

39

Грустная ночь у меня сегодня.
Смотрит с обоев былая сотня.
Можно поехать в бордель, и сводня —
нумизматка — будет согласна.
Лень отклеивать, суетиться.
Остается тихо сидеть, поститься
да напротив в окно креститься,
пока оно не погасло.

40

«Зелень лета, эх, зелень лета!
Что мне шепчет куст бересклета?
Хорошо пройтись без жилета!
Зелень лета вернется.
Ходит девочка, эх, в платочке.

38

Amo os campos da pátria e suas ravinas,
os rios, os lagos, os sulcos das colinas.
Tudo é bonito. Mas os homens são uns merdas.
O físico ainda passa, mas a alma é lerda.
O que promulgo é a lei verdadeira.
O falcão branco seca-se por inteiro.
Quebrem ao menos um vidro, meus senhores!
Como querem que os aguentem suas mulheres?

39

Hoje à noite estou triste para valer.
Espia-me da parede um centão velho.[10]
Posso ir ao bordel, a alcoviteira —
junta moedas — poderá corresponder.
Mas tenho preguiça de ajeitar-me, deslocar.
Só me resta sentar-me quieto, jejuar,
em frente à janela persignar-me
até que aquilo venha a se amansar.

40

«Oh, folhas do estio, oh, verde frondescente!
O que me sussurra aquela moita em frente?
É tão bom ficar passeando sem colete!
Voltarão, voltarão as folhas verdes.
Com lenço à cabeça, a jovem vai andando.

Ходит по полю, рвет цветочки.

Взять бы в дочки, эх, взять бы в дочки.

В небе ласточка вьется».

14 января 1967

Caminha pelos campos, colhe flores.
A tomaria por filha, oh, a tomaria.
No céu uma andorinha vai voando.»

14 de janeiro de 1967

Anno Domini

М. Б.

Провинция справляет Рождество.
Дворец Наместника увит омелой,
и факелы дымятся у крыльца.
В проулках — толчея и озорство.
Веселый, праздный, грязный, очумелый
народ толпится позади дворца.

Наместник болен. Лежа на одре,
покрытый шалью, взятой в Альказаре,
где он служил, он размышляет о
жене и о своем секретаре,
внизу гостей приветствующих в зале.
Едва ли он ревнует. Для него

сейчас важней замкнуться в скорлупе
болезней, снов, отсрочки перевода
на службу в Метрополию. Зане
он знает, что для праздника толпе
совсем не обязательна свобода;
по этой же причине и жене

Anno Domini

Para M. B.

Na província celebra-se o Natal.
O visgo agarra-se ao palácio
do governo, tochas fumam no terraço.
Nos becos — tropel e confusão.
Alegre, aturdida, suja e vã
atrás do palácio se acalca a multidão.

O Procônsul[1] não está bem. Deitado no enxergão,
coberto por um xale tomado em Alcázar,
onde serviu, reflete
sobre a mulher e o secretário
que recebem os convidados no salão.
Difícil saber se sente ciúmes ou é o contrário.

Agora é importante fechar-se na casca
das doenças, dos sonhos, do retorno adiado
às lides na Metrópole. Como ele sabe
que para o povo fazer festa
não é absolutamente necessária a liberdade,
pela mesma razão permite que

он позволяет изменять. О чем
он думал бы, когда б его не грызли
тоска, припадки? Если бы любил?
Невольно зябко поводя плечом,
он гонит прочь пугающие мысли.
...Веселье в зале умеряет пыл,

но все же длится. Сильно опьянев,
вожди племен стеклянными глазами
взирают в даль, лишенную врага.
Их зубы, выражавшие их гнев,
как колесо, что сжато тормозами,
застряли на улыбке, и слуга

подкладывает пищу им. Во сне
кричит купец. Звучат обрывки песен.
Жена Наместника с секретарем
выскальзывают в сад. И на стене
орел имперский, выклевавший печень
Наместника, глядит нетопырем..

И я, писатель, повидавший свет,
пересекавший на осле экватор,
смотрю в окно на спящие холмы
и думаю о сходстве наших бед:
его не хочет видеть Император,
меня — мой сын и Цинтия. И мы,

a mulher o traia. No que
pensaria, não fosse roído
por angústias, presságios. E se ele amasse?
Um tremor involuntário lhe atravessa
os braços. Os pensamentos vis ele rechaça.
... A poeira da festa vai se pondo,

mas ainda se prolonga. Muito ébrios,
os chefes das tribos, de olhos vítreos,
fitam o longe, livre de inimigos.
Os dentes, que expressam a ira deles,
qual roda no aperto da freagem
se enlodam num sorriso.

O servo lhes oferece comida. Gritou
em sonho, o mercador. Ressoam
trechos de cantos. O secretário e a mulher
se esgueiram no jardim. E, na parede,
a águia imperial, que o fígado arrancou
ao Procônsul, olha feito morcego...

E eu,[2] escritor, que o mundo vi,
que num muar passei pelo equador,
olho pela janela as colinas sonadas
e penso nas coisas comuns desventuradas:
não o quer ver o Imperador,
meu filho e Cíntia — a mim.

мы здесь и сгинем. Горькую судьбу
гордыня не возвысит до улики,
что отошли от образа Творца.
Все будут одинаковы в гробу.
Так будем хоть при жизни разнолики!
Зачем куда-то рваться из дворца —

отчизне мы не судьи. Меч суда
погрязнет в нашем собственном позоре:
наследники и власть в чужих руках.
Как хорошо, что не плывут суда!
Как хорошо, что замерзает море!
Как хорошо, что птицы в облаках

субтильны для столь тягостных телес!
Такого не поставишь в укоризну.
Но, может быть, находится как раз
к их голосам в пропорции наш вес.
Пускай летят поэтому в отчизну.
Пускай орут поэтому за нас.

Отечество... чужие господа
у Цинтии в гостях над колыбелью
склоняются, как новые волхвы.
Младенец дремлет. Теплится звезда,
как уголь под остывшею купелью.
И гости, не коснувшись головы,

E nós aqui morreremos. O orgulho
não fará da nossa triste sorte a prova
de que somos cópia da imagem do Criador.
Todos nós somos iguais na cova.
Vamos, então, ser diversos em vida!
Para que arrancar-se do palácio —

não somos juízes da pátria. Justiceira,
a espada chafurdará na nossa desonra:
poder e herdeiro em mãos alheias...
É bom que as naves não naveguem!
É bom que o mar tenha gelado!
É bom que as aves entre as nuvens

sejam tão frágeis para tanta gravidade!
Isso não significa exprobação para ninguém.
Mas pode ser que caia bem
a voz delas, em proporção ao nosso peso.
Por isso, que voem elas para a pátria.
Por isso, que gritem elas em nossa vez.

A pátria... já varões de outras plagas,
hóspedes de Cíntia, curvam-se
sobre o berço, novos magos.
O infante dorme. Pulsa a estrela
sob a pia batismal. O fogo esfria.
E os hóspedes, sem lhe roçar a testa

нимб заменяют ореолом лжи,
а непорочное зачатье — сплетней,
фигурой умолчанья об отце...
Дворец пустеет. Гаснут этажи.
Один. Другой. И, наконец, последний.
И только два окна во всем дворце

горят: мое, где, к факелу спиной,
смотрю, как диск луны по редколесью
скользит, и вижу — Цинтию, снега;
Наместника, который за стеной
всю ночь безмолвно борется с болезнью
и жжет огонь, чтоб различить врага.

Враг отступает. Жидкий свет зари,
чуть занимаясь на Востоке мира,
вползает в окна, норовя взглянуть
на то, что совершается внутри,
и, натыкаясь на остатки пира,
колеблется. Но продолжает путь.

Паланга, январь 1968

trocam a auréola por um aro de mentiras,
a concepção imaculada, por calúnias,
e, quanto ao pai, tudo é sigilo...
A mansão se esvazia. Tudo se apaga.
Um andar trás o outro. O último, por fim.
Só duas janelas do palácio brilham,

a minha, de onde, com a tocha às costas,
vejo o disco da lua no mato escasso
se esgueirar, e vejo Cíntia na neve;
e o Procônsul que por trás do muro
luta a noite inteira contra o mal
e acende o fogo para as hostes divisar.

O inimigo recua. A luz da aurora,
que quase invade o mundo pelo Oriente,
penetra no postigo procurando olhar
aquilo que se passa no interior
e, tropeçando nos restos do banquete,
vacila. Mas prossegue seu andar.

Palanga, janeiro de 1968

E. R.

Второе Рождество на берегу
незамерзающего Понта.
Звезда Царей над изгородью порта.
И не могу сказать, что не могу
жить без тебя — поскольку я живу.
Как видно из бумаги. Существую;
глотаю пиво, пачкаю листву и
топчу траву.

Теперь в кофейне, из которой мы,
как и пристало временно счастливым,
беззвучным были выброшены взрывом
в грядущее, под натиском зимы
бежав на Юг, я пальцами черчу
твое лицо на мраморе для бедных;
поодаль нимфы прыгают, на бедрах
задрав парчу.

Что, боги, — если бурое пятно
в окне символизирует вас, боги, —

Para E. R.

O segundo Natal à beira
do não enregelável Ponto.
A estrela dos Reis nos cais do porto.
Não posso dizer que não consigo
viver sem ti — pois vivo.
Conforme a página diz. Existo,
engulo a birra, conspurco a folha,
piso na grama.

Agora do café, de onde nós, contentes
como convinha, temporariamente,
fomos jogados, por explosão silente,
no futuro, sob o assalto do inverno,
rumo ao Sul; com os dedos desenho
teu rosto no mármore para os desprovidos;
as ninfas na distância saltitam
erguendo brocados nos quadris.

O que, deuses — se uma mancha escura
à janela vos simboliza, deuses —,

стремились вы нам высказать в итоге?
Грядущее настало, и оно
переносимо; падает предмет
скрипач выходит, музыка не длится,
и море все морщинистей, и лица.
А ветра нет.

Когда-нибудь оно, а не — увы —
мы, захлестнет решетку променада
и двинется под возгласы «не надо»,
вздымая гребни выше головы,
туда, где ты пила свое вино,
спала в саду, просушивала блузку,
— круша столы, грядущему моллюску
готовя дно.

Ялта, январь 1971

tentastes nos dizer, em suma?
O futuro chegou, e ele
é suportável; cai um objeto,
o violinista sai, a música não dura,
o mar cada vez mais enrugado, e os rostos.
Mas não há vento.

Será ele e não nós — infelizmente — um dia
a transbordar sobre o gradil da caminhada
e avançar atropelando os «é interdito»,
erguendo cristas sobre a testa,
lá onde tu o vinho bebias,
secavas a blusa e dormias no jardim
— destroçando as mesinhas, e ao molusco do futuro
preparando o fundo.

Ialta, janeiro de 1971

24 ДЕКАБРЯ 1971 ГОДА

V. S.

В Рождество все немного волхвы.
   В продовольственных слякоть и давка.
Из-за банки кофейной халвы
   производит осаду прилавка
грудой свертков навьюченный люд:
   каждый сам себе царь и верблюд.

Сетки, сумки, авоськи, кульки,
   шапки, галстуки, сбитые набок.
Запах водки, хвои и трески,
   мандаринов, корицы и яблок.
Хаос лиц, и не видно тропы
   в Вифлеем из-за снежной крупы.

И разносчики скромных даров
   в транспорт прыгают, ломятся в двери,
исчезают в провалах дворов,
   даже зная, что пусто в пещере:
ни животных, ни яслей, ни Той,
   над Которою — нимб золотой.

24 DE DEZEMBRO DE 1971

Para V. S.

Somos todos, no Natal, meio Reis Magos.
    Nas mercearias, lama e aglomeração.
Por umas latas de doce com gosto de café
    dá-se o assédio a um balcão
por um monte de gente toda empacotada:
    cada um é ao mesmo tempo rei e camelo.

Redes, sacolas, sacos e saquinhos,
    bonés, gravatas enviesadas.
Cheiro de vodca, bacalhau e pinho,
    mandarinas, canela, maçãs.
Um caos de caras, e não se vê o caminho
    para Belém, devido ao torvelinho.

E os que carregam presentes não reais
    estouram os portões, saltam nos transportes pelas vias,
somem nos fossos dos quintais,
    mesmo sabendo que a gruta está vazia:
sem animais, sem manjedoura, sem Aquela
    sobre Quem paira um nimbo d'ouro.

Пустота. Но при мысли о ней
        видишь вдруг как бы свет ниоткуда.
Знал бы Ирод, что чем он сильней,
        тем верней, неизбежнее чудо.
Постоянство такого родства —
        основной механизм Рождества.

То и празднуют нынче везде,
        что Его приближенье, сдвигая
все столы. Не потребность в звезде
        пусть еще, но уж воля благая
в человеках видна издали,
        и костры пастухи разожгли.

Валит снег; не дымят, но трубят
        трубы кровель. Все лица как пятна.
Ирод пьет. Бабы прячут ребят.
        Кто грядет — никому непонятно:
мы не знаем примет, и сердца
        могут вдруг не признать пришлеца.

Но, когда на дверном сквозняке
        из тумана ночного густого
возникает фигура в платке,
        и Младенца, и Духа Святого

O vazio. Mas ao pensares nele
    verás de súbito como que um brilho sem norte.
Soubesse Herodes que quanto mais ele é forte
    tanto mais certo e inevitável é o milagre:
a constância dessa afinidade
    é o mecanismo básico da Natividade.

Então festejam hoje em todo lugar,
    juntando as mesas, o Seu chegar.
Não é útil ainda a estrela guia,
    mas já de longe dos homens se podia
ver a boa vontade o tempo inteiro,
    enquanto os pastores avivavam as fogueiras.

A neve cai. Não fumam, mas tocam a chamada
    as chaminés. Os vultos todos, manchas.
Herodes bebe. As mulheres escondem os bebês.
    De quem chega, ninguém sabe o paradeiro:
não conhecendo os fins, os corações
    podem não reconhecer o forasteiro.

Mas, quando pela corrente de ar da porta
    surgir da espessa névoa dessa noite
um vulto envolto numa echarpe,
    sentirás dentro de ti, sem mais aquelas,

ощущаешь в себе без стыда;

    смотришь в небо и видишь — звезда.

январь 1972

o Menino, o Espírito Santo:
e se olhares para o céu verás — a estrela.

Janeiro, 1972

ЛАГУНА

I

Три старухи с вязаньем в глубоких креслах
толкуют в холле о муках крестных;
 пансион «Аккадемиа» вместе со
всей Вселенной плывет к Рождеству под рокот
телевизора; сунув гроссбух под локоть,
 клерк поворачивает колесо.

II

И восходит в свой номер на борт по трапу
постоялец, несущий в кармане граппу,
 совершенный никто, человек в плаще,
потерявший память, отчизну, сына;
по горбу его плачет в лесах осина,
 если кто-то плачет о нем вообще.

III

Венецийских церквей, как сервизов чайных,
слышен звон в коробке из-под случайных
 жизней. Бронзовый осьминог
люстры в трельяже, заросшем ряской,

LAGUNA

I

Três velhotas nas poltronas azuis a tricotar
conversam no hall sobre os tormentos da cruz;
    a pensão «Academia» e o Universo inteiro,
ao retumbar da TV, navegam rumo ao Natal;
    com o livro-razão sob o cotovelo,
um escrevente muda de canal.

II

Entra a bordo no seu quarto, pelo portaló,
um pensionista com a *grappa* no bolso,
    um perfeito ninguém, homem de paletó,
que perdeu a pátria, o filho, a memória;
só a faia chora por sua desgraça no faial,
    se é que alguém pode por ele 'inda chorar.

III

Na caixa ora vazia de vidas casuais
ouve-se o tinir das igrejas venezianas
    quais xícaras de chá. O octópode de bronze
do lustre onde crescem as lentilhas d'água

лижет набрякший слезами, лаской,
грязными снами сырой станок.

IV

Адриатика ночью восточным ветром
канал наполняет, как ванну, с верхом,
лодки качает, как люльки; фиш,
а не вол в изголовье встает ночами,
и звезда морская в окне лучами
штору шевелит, покуда спишь.

V

Так и будем жить, заливая мертвой
водой стеклянной графина мокрый
пламень граппы, кромсая леща, а не
птицу-гуся, чтобы нас насытил
предок хордовый Твой, Спаситель,
зимней ночью в сырой стране.

VI

Рождество без снега, шаров и ели,
у моря, стесненного картой в теле;
створку моллюска пустив ко дну,
пряча лицо, но спиной пленяя,
Время выходит из волн, меняя
стрелку на башне — ее одну.

lambe o úmido suporte intumescido
de lágrimas, carícias, sonhos encardidos.

IV

O Adriático à noite, com o vento oriental,
qual banheira transbordante enche o canal;
balança os barcos feito berços; um peixe
e não um boi fica noite após noite ao cabeçal,
e a estrela-do-mar com seus raios à borda da janela,
enquanto dormes, move a bambinela.

V

Assim viveremos, vertendo a água
morta da jarra de vidro na chama
úmida da *grappa*, talhando peixe de segunda e não
o pássaro ganso, para que possa nos saciar,
oh, Salvador, Teu cordato ancestral,
na noite invernal de um país sempre molhado.

VI

Natal sem neve, abetos e ornamentos
junto ao mar que o mapa constrangeu;
e a valva do molusco empurrando bem no fundo,
aliciando as costas, mas escondendo o vulto,
o Tempo sai das ondas, mudando
o ponteiro da torre — ele somente.

VII

Тонущий город, где твердый разум
внезапно становится мокрым глазом,
	где сфинксов северных южный брат,
знающий грамоте лев крылатый,
книгу захлопнув, не крикнет «ратуй!»,
	в плеске зеркал захлебнуться рад.

VIII

Гондолу бьет о гнилые сваи.
Звук отрицает себя, слова и
	слух; а также державу ту,
где руки тянутся хвойным лесом
перед мелким, но хищным бесом
	и слюну леденит во рту.

IX

Скрестим же с левой, вобравшей когти,
правую лапу, согнувши в локте;
	жест получим, похожий на
молот в серпе, — и, как чорт Солохе,
храбро покажем его эпохе,
	принявшей образ дурного сна.

VII

Cidade que afunda, onde a dura razão
de repente se torna olho molhado,
    onde o irmão meridional das nórdicas esfinges,
um leão de asas bem-criado, não gritará
«Me salve!», mas ao fechar de supetão
    o livro no marulho de espelhos se afogará feliz.

VIII

Bate a gôndola contra as palafitas rotas.
O som se nega a si, às palavras, ao ouvido,
    e também àquele estado imperial
em que as mãos se esticam feito um pinheiral
diante do diabo mesquinho mas feroz
    que a saliva na boca faz gelar.

IX

Dobrando a pata esquerda, a unha encolhida,
e juntando-a à direita no antebraço,
    obteremos um gesto parecido
com a foice e o martelo — e como Solocha,[1] o diabo,
o mostraremos com coragem a esse tempo
    que tem a imagem de um sonho pesado.

X

Тело в плаще обживает сферы,
где у Софии, Надежды, Веры
          и Любви нет грядущего, но всегда
есть настоящее, сколь бы горек
ни был вкус поцелуев эбре́ и гоек,
          и города, где стопа следа

XI

не оставляет — как челн на глади
водной, любое пространство сзади,
          взятое в цифрах, сводя к нулю —
не оставляет следов глубоких
на площадях, как «прощай» широких,
          в улицах узких, как звук «люблю».

XII

Шпили, колонны, резьба, лепнина
арок, мостов и дворцов; взгляни на-
          верх: увидишь улыбку льва
на охваченной ветром, как платьем, башне,
несокрушимой, как злак вне пашни,
          с поясом времени вместо рва.

X

O corpo na capa habitua-se a esferas,
em que para Sabedoria, Esperança, Fé
    e Amor[2] não há futuro, mas sempre
existe o presente, por mais que seja fel
o gosto dos beijos entre góis e judeus,
    e da cidade, onde não deixa o pé

XI

rasto algum, como a nau no espelho
d'água — de qualquer espaço atrás dela,
    tomado em cifras, zero é a sequela —
não deixa atrás de si traços profundos
nas praças vastas como o «adeus»,
    nas ruas estreitas como o «eu amo», ao fundo.

XII

Colunas, entalhes, coruchéus,
estuques d'arcos, pontes e castelos, olha
    acima, verás sorrir o leão, atento,
na torre envolvida, qual veste, pelo vento,
indestrutível como a grama além do campo arado,
    com o cinto do tempo e não o do fosso do cercado.

XIII

Ночь на Сан-Марко. Прохожий с мятым
лицом, сравнимым во тьме со снятым
    с безымянного пальца кольцом, грызя
ноготь, смотрит, объят покоем,
в то «никуда», задержаться в коем
    мысли можно, зрачку — нельзя.

XIV

Там, за нигде, за его пределом
    — черным, бесцветным, возможно, белым —
        есть какая-то вещь, предмет.
Может быть, тело. В эпоху тренья
скорость света есть скорость зренья;
    даже тогда, когда света нет.

1973

XIII

Noite em São Marco. Um passante de rosto marcado
comparável, na treva, ao anel arrancado
    do dedo anular, enquanto rói a unha vai
 olhando, envolto na calma do momento,
aquele «nenhures» em que pode se deter
    quem sabe o pensamento — a pupila, jamais.

XIV

Lá, além do vácuo, além dos seus confins
— negro, incolor, talvez cor de marfim —,
    existe alguma coisa, um certo objeto.
Quem sabe um corpo. No tempo da embreagem de
                        [fricção
a rapidez da luz é a rapidez da visão;
    mesmo quando não há — mesmo sem luz.

1973

E. P.

Замёрзший кисельный берег. Прячущий в молоке
отражения город. Позвякивают куранты.
Комната с абажуром. Ангелы вдалеке
галдят, точно высыпавшие из кухни официанты.
Я пишу тебе это с другой стороны земли
в день рожденья Христа. Снежное толковище
за окном разражается искренним «ай-люли»:
белизна размножается. Скоро Ему две тыщи
лет. Осталось четырнадцать. Нынче уже среда,
завтра — четверг. Данную годовщину
нам, боюсь, отмечать не добавляя льда,
избавляя следующую морщину
от еённой щеки; в просторечии — вместе с Ним.
Вот тогда мы и свидимся. Как звезда — селянина,
через стенку пройдя, слух бередит одним
пальцем разбуженное пианино.
Будто кто-то там учится азбуке по складам.

Para E. R.

Beira gelada de creme. A cidade esconde no leite
seus reflexos. Relógios de carrilhão tinindo.
Quarto com abajur. Anjos, ao longe,
que armam um berreiro como garçons despejados da
[cozinha.
Escrevo-te do outro lado da Terra
no dia de nascimento do Cristo. A tagarelice da neve
atrás da janela prorrompe em um franco chamado:
seu branco voltear se multiplica. Logo Ele terá
dois mil anos. Faltam catorze. Hoje já é quarta,
amanhã, quinta. Dita ocorrência,
receio, será por nós celebrada sem o acréscimo de gelo,
sem livrar a sua face
de uma nova ruga, em poucas palavras — junto d'Ele.
Pois então, é lá que nos veremos. Como a estrela para
[o camponês,
vindo de trás da parede, fere o ouvido um som vindo
de um piano
acordado por um único dedo.
É como se lá alguém aprendesse o alfabeto silabando.

Или нет — астрономии, вглядываясь в начертанья
личных имен там, где нас нету: там,
где сумма зависит от вычитанья.

декабрь 1985

Ou talvez não — talvez, astronomia, perscrutando
[os traços
dos nossos nomes próprios, lá onde não estamos: lá,
onde a soma se obtém da subtração.

Dezembro, 1985

Снег идет, оставляя весь мир в меньшинстве.
В эту пору — разгул Пинкертонам,
и себя настигаешь в любом естестве
по небрежности оттиска в оном.
За такие открытья не требуют мзды;
тишина по всему околотку.
Сколько света набилось в осколок звезды,
на ночь глядя! как беженцев в лодку.
Не ослепни, смотри! Ты и сам сирота,
отщепенец, стервец, вне закона.
За душой, как ни шарь, ни черта. Изо рта —
пар клубами, как профиль дракона.
Помолись лучше вслух, как другой Назарей,
за бредущих с дарами в обеих
половинках земли самозванных царей
и за всех детей в колыбелях.

1980

Cai a neve e deixa o mundo inteiro em minoria.
Nessa hora — é tempo de abate para os Pinkerton[1]
e te pegas em flagrante em qualquer substância
devido à imprecisão das pegadas que ali há.
Para tais descobertas não há prêmio;
a calma reina na circunscrição.
Quanta luz foi atulhada na lasca de uma estrela,
olhando-se, à noite! Como migrantes, num barco.
Não te deixes ofuscar, mas olha! Tu mesmo és um órfão,
um canalha, um malvado, um celerado.
Sem um tostão no bolso. Da boca —
nuvens de vapor, como das fauces de um dragão.
Melhor rezar em voz alta, qual o Nazareno,
para os pretensos reis delirantes que vão levando
dons às duas metades do planeta
para todas as crianças que dormem em seus berços.

1980

РОЖДЕСТВЕНСКАЯ ЗВЕЗДА

В холодную пору, в местности, привычной скорей к
[жаре,
чем к холоду, к плоской поверхности более, чем к горе,
младенец родился в пещере, чтоб мир спасти;
мело, как только в пустыне может зимой мести.

Ему все казалось огромным; грудь матери, желтый пар
из воловьих ноздрей, волхвы — Балтазар, Каспар,
Мельхиор; их подарки, втащенные сюда.
Он был всего лишь точкой. И точкой была звезда.

Внимательно, не мигая, сквозь редкие облака,
на лежащего в яслях ребенка издалека,
из глубины Вселенной, с другого ее конца,
звезда смотрела в пещеру. И это был взгляд Отца.

24 декабря 1987

A ESTRELA DE NATAL

Na estação gelada, num lugar mais afeito ao calor
do que ao frio, a extensões planas mais do que a montanhas,
para salvar o mundo, nasceu um menino, numa gruta;
turbinava como apenas no deserto, no inverno, turbina
[o vento.

Tudo parecia-Lhe enorme; o seio da mãe, o bafo quente
das narinas dos bois, os magos — Melchior, Gaspar,
Baltazar; e seus presentes, levados até Ele.
Ele era um ponto, apenas. E um ponto era a estrela.

Por entre raras nuvens, atenta, sem piscar,
da criança deitada no parol bem afastada,
do profundo Cosmo, da outra extremidade,
a estrela olhava para a gruta. E era o olhar de um pai.

24 de dezembro de 1987

БЕГСТВО В ЕГИПЕТ

...погонщик возник неизвестно откуда.

В пустыне, подобранной небом для чуда
по принципу сходства, случившись ночлегом,
они жгли костер. В заметаемой снегом
пещере, своей не предчувствуя роли,
младенец дремал в золотом ореоле
волос, обретавших стремительно навык
свеченья — не только в державе чернявых,
сейчас, — но и вправду подобно звезде,
покуда земля существует: везде.

25 декабря 1988

FUGA PARA O EGITO

... um arreeiro surgido não se sabe de onde.

No deserto, escolhido para o prodígio pelo céu
por princípio da afinidade, encontraram-se no
abrigo noturno e acenderam o fogo. Na gruta
de neve amontoada, sem que pressentisse o seu papel,
o menino dormitava na auréola dourada dos cabelos,
que haviam feito uma prática impetuosa de
luminescência — não apenas como agora, no reino dos
                           [morenos,
mas, realmente, como a estrela que, enquanto a terra dura,
brilha em todo lugar.

25 de dezembro de 1988

Представь, чиркнув спичкой, тот вечер в пещере,
используй, чтоб холод почувствовать, щели
в полу, чтоб почувствовать голод — посуду,
а что до пустыни, пустыня повсюду.

Представь, чиркнув спичкой, ту полночь в пещере,
огонь, очертанья животных, вещей ли,
и — складкам смешать дав лицо с полотенцем —
Марию, Иосифа, сверток с Младенцем.

Представь трех царей, караванов движенье
к пещере; верней, трех лучей приближенье
к звезде, скрип поклажи, бренчание ботал
(Младенец покамест не заработал

на колокол с эхом в сгустившейся сини).
Представь, что Господь в Человеческом Сыне
впервые Себя узнает на огромном
впотьмах расстояньи: бездомный в бездомном.

1989

Pensa na gruta, naquela noite, com o fósforo brilhando,
para sentir frio, recorre às fendas no assoalho,
para sentir fome, à louça de barro,
e, quanto ao deserto, o deserto é em todo canto.

Pensa, com o fósforo aceso, na gruta naquela meia-noite,
no fogo, no perfil das coisas, dos animais,
e — o rosto em meio às pregas do lençol amassado —
em Maria, em José e no Menino atabafado.

Imagina os três reis, o andar das caravanas
rumo à gruta; ou melhor, três raios ao chegar
à estrela, o ranger das cargas, o tilintar dos chocalhos
(o Menino ainda não ganhou

toques de sino com eco no denso azul-marinho).
Imagina que Deus no Filho feito Homem
pela primeira vez se visse, na escuridão
de uma distância enorme: um sem-casa em outro sem-teto.

1989

Не важно, что было вокруг, и не важно,
о чем там пурга завывала протяжно,
что тесно им было в пастушьей квартире,
что места другого им не было в мире.

Во-первых, они были вместе. Второе,
и главное, было, что их было трое,
и всё, что творилось, варилось, дарилось
отныне, как минимум, на три делилось.

Морозное небо над ихним привалом
с привычкой большого склоняться над малым
сверкало звездою — и некуда деться
ей было отныне от взгляда младенца.

Костер полыхал, но полено кончалось;
все спали. Звезда от других отличалась
сильней, чем свеченьем, казавшимся лишним,
способностью дальнего смешивать с ближним.

25 декабря 1990

Não importa o que havia em volta, e não importa
se a tempestade uivando se estendia no profundo,
se o espaço campestre era apertado
e se não havia para eles outro lugar no mundo.

Primeiro, eles estavam juntos. Segundo,
e principal, eles eram três e, doravante,
tudo o que se fazia, regalava ou cozia,
no mínimo, por três se dividia.

No céu gelado, inclinada sobre o abrigo,
como acontece ao grande perante o pequenino,
brilhava a estrela — e não tinha aonde fugir
pois o olhar do menino tinha que seguir.

O fogo ardia, os cepos se apagavam;
todos dormiam. A estrela das outras distinguia-se
não tanto pelo excesso do brilho incessante,
mas pelo dom de tornar próximo o distante.

25 de dezembro de 1990

PRESEPIO

Младенец, Мария, Иосиф, цари,
скотина, верблюды, их поводыри,
в овчине до пят пастухи-исполины
— все стало набором игрушек из глины.

В усыпанном блестками ватном снегу
пылает костер. И потрогать фольгу
звезды пальцем хочется; собственно, всеми
пятью — как младенцу тогда в Вифлееме.

Тогда в Вифлееме все было крупней.
Но глине приятно с фольгою над ней
и ватой, разбросанной тут как попало,
играть роль того, что из виду пропало.

Теперь ты огромней, чем все они. Ты
теперь с недоступной для них высоты
— полночным прохожим в окошко конурки —
из космоса смотришь на эти фигурки.

PRESÉPIO

O menino, os Reis, Maria, José,
gado, camelos, arreeiros sem carro,
pastores gigantes, de pele até os pés,
tudo é um conjunto de estátuas de barro.

Na neve fajuta de brilhos sutis
estala a fogueira. Um dedo está posto
na estrela de lata. Os cinco, lá vêm —
assim é que quis o menino em Belém.

Outrora em Belém era tudo ampliado.
É bom para o barro, com seu céu espelhado,
e o branco, fingindo que a neve caiu,
recita o papel que a vista não viu.

Agora és enorme, de todos o maior.
Imensa para eles é agora a tua altura
— passante noturno ao postigo da toca —,
do cosmo tu olhas para essas figuras.

Там жизнь продолжается, так как века
одних уменьшают в объеме, пока
другие растут — как случилось с тобою.
Там бьются фигурки со снежной крупою,

и самая меньшая пробует грудь.
И тянет зажмуриться, либо — шагнуть
в другую галактику, в гулкой пустыне
которой светил — как песку в Палестине.

декабрь 1991

Lá a vida prossegue, a cada cem anos
alguns vão minguando, já há outros que não —
é o que se passou contigo, meu caro.
Lá lutam estátuas contra a ventania,

e a menor delas é a que quer mamar.
Deseja-se então piscar ou passar
para outra galáxia — na extensão que retine
e como os seus astros é a areia palestina.

Dezembro, 1991

КОЛЫБЕЛЬНАЯ

Родила тебя в пустыне
    я не зря.
Потому что нет в помине
    в ней царя.

В ней искать тебя напрасно.
    В ней зимой
стужи больше, чем пространства
    в ней самой.

у одних — игрушки, мячик,
    дом высок.
У тебя для игр ребячьих
    — весь песок.

Привыкай, сынок, к пустыне
    как к судьбе.
Где б ты ни был, жить отныне
    в ней тебе.

CANÇÃO DE NINAR

Se eu te dei à luz no deserto
    não foi por nada.
Foi porque, decerto,
    não há reis por lá.

Procurar por ti é vão
    naquela terra,
o gelo é maior que o chão
    naquela terra.

Outros têm bolas, jogos
    e casa alta,
tu tens para brincar
    a areia basta.

Acostuma-te, filho, ao deserto
    como ao destino.
Por onde andarás a seguir,
    estão juntinhos.

Я тебя кормила грудью.
    А она
приучила взгляд к безлюдью,
    им полна.

Той звезде — на расстояньи
    страшном — в ней
твоего чела сиянье,
    знать, видней.

Привыкай, сынок, к пустыне,
    под ногой,
окромя нее, твердыни
    нет другой.

В ней судьба открыта взору.
    За версту
в ней легко признаешь гору
    по кресту.

Не людские, знать, в ней тропы!
    Велика
и безлюдна она, чтобы
    шли века.

Eu te aleitei no seio,
    oh, meu menino.
O deserto ensina a não ver
    gente a caminho.

O brilho que há na tua testa
    é evidente,
vê-se naquela estrela
    longe, terrivelmente.

Acostuma teu pé à areia,
    oh, meu filhinho,
mais dura que ela não há
    em nenhum cantinho.

No deserto o destino à distância
    deduzes.
Nele conheces o monte
    pela cruz.

Não tem veredas humanas
    nem gente,
para que passem os séculos
    nele, imenso.

Привыкай, сынок, к пустыне,
    как щепоть
к ветру, чувствуя, что ты не
    только плоть.

Привыкай жить с этой тайной:
    чувства те
пригодятся, знать, в бескрайней
    пустоте.

Не хужей она, чем эта:
    лишь длинней,
и любовь к тебе — примета
    места в ней.

Привыкай к пустыне, милый,
    и к звезде,
льющей свет с такою силой
    в ней везде,

будто лампу жжет, о сыне
    в поздний час
вспомнив, тот, кто сам в пустыне
    дольше нас.

декабрь 1992

Acostuma-te, filho, ao deserto
    que vês,
como a poeira ao vento, e verás
    que só carne não és.

Te acostuma ao segredo:
    o que sentes, assim,
será útil, me crê, no vácuo
    sem fim.

Que não é pior que este:
    só que mais delongado
e o amor por ti é o signo
    do lugar designado.

Te acostuma ao deserto, filhinho,
    e à estrela,
que sua luz forte verte
    por todo o caminho.

Qual lâmpada ardente lembra o filho,
    tardiamente,
quem viveu no deserto
    mais longamente.

Dezembro, 1992

25.XII.1993

М. Б.

Что нужно для чуда? Кожух овчара,
щепотка сегодня, крупица вчера,
и к пригоршне завтра добавь на глазок
огрызок пространства и неба кусок.

И чудо свершится. Зане чудеса,
к земле тяготея, хранят адреса,
настолько добраться стремясь до конца,
что даже в пустыне находят жильца.

А если ты дом покидаешь — включи
звезду на прощанье в четыре свечи,
чтоб мир без вещей освещала она,
вослед тебе глядя, во все времена.

1993

25.XII.1993

Para M. B.

O que faz um milagre? O couro de um pastor,
de hoje uma pitada, de ontem — a migalha,
e à mão-cheia do amanhã acrescenta, a olho,
uma fatia de espaço e um pedaço de céu.

E cumpre-se o milagre. Uma vez que os milagres
à terra atraídos mantêm o endereço
e tanto desejam cumprir a missão,
que até no deserto acham sua direção.

Se a casa abandonares, as velas
da estrela acende ao sair
para que o mundo se aclare, sem tento,
e te siga seu olhar por todos os tempos.

1993

Елизавете Леонской

В воздухе — сильный мороз и хвоя.
Наденем ватное и меховое.
Чтоб маяться в наших сугробах с торбой—
лучше олень, чем верблюд двугорбый.

На севере если и верят в Бога,
то как в коменданта того острога,
где всем нам вроде бока намяло,
но только и слышно, что дали мало.

На юге, где в редкость осадок белый,
верят в Христа, так как сам он — беглый:
родился в пустыне, песок-солома,
и умер тоже, слыхать, не дома.

Помянем нынче вином и хлебом
жизнь, прожитую под открытым небом,
чтоб в нем и потом избежать ареста
земли — поскольку там больше места.

декабрь 1994

Para Elisaveta Leônskaia

No ar, gelo forte e agulhas de pinheiro.
Vestimos estofados e roupas de pelo.
Para galgar nossos montes com embornal,
melhor a rena que a corcunda do camelo.

No Norte, se é que creem em Deus,
o sujeito lembrava aquele carcereiro
que como que nos entortava o tronco
e ainda achava que nos fizera pouco.

No Sul, onde é raro o branco precipitado,
creem no Cristo, pois ele mesmo é refugiado:
nasceu na areia-palha do deserto
e morreu, como se diz, a céu aberto.

Celebremos hoje, com vinho e pão,
uma vida vivida ao descampado,
para nele escaparmos da prisão
terrena — pois lá o espaço é ilimitado.

Dezembro, 1994

БЕГСТВО В ЕГИПЕТ (II)

В пещере (какой ни на есть, а кров!
Надежней суммы прямых углов!)
в пещере им было тепло втроем;
пахло соломою и тряпьём.

Соломенною была постель.
Снаружи молола песок метель.
И, вспоминая её помол,
спросонья ворочались мул и вол.

Мария молилась; костер гудел.
Иосиф, насупясь, в огонь глядел.
Младенец, будучи слишком мал
чтоб делать что-то еще, дремал.

Еще один день позади — с его
тревогами, страхами; с «о-го-го»
Ирода, выславшего войска;
и ближе еще на один — века.

FUGA PARA O EGITO II

Na gruta (uma qualquer, mas ao menos um teto!
Melhor que a soma de quatro ângulos retos!),
para os três na gruta havia calor;
de palha e de trapos havia o odor.

A cama de lá era um palheiro.
De fora, o remoinho moía a areia.
E, lembrando como se mói o grão do trigo,
o muar e o boi se giravam meio dormidos.

Maria rezava; a fogueira estalava.
José, carrancudo, o fogo fitava.
O menino, por ser pequenino,
para qualquer outra coisa, dormitava.

Mais um dia que para trás ficou
com angústias, medos e dor.
E Herodes, atiçando os subalternos,
mais um dia aproximava-se do eterno.

Спокойно им было в ту ночь втроем.
Дым устремлялся в дверной проём,
чтоб не тревожить их. Только мул
во сне (или вол) тяжело вздохнул.

Звезда глядела через порог.
Единственным среди них, кто мог
знать, что взгляд ее означал,
был младенец; но он молчал.

декабрь 1995

Tranquila era para os três aquela noite.
O fumo se desviava ao vão da porta
para não incomodá-los. Somente
o muar (ou o boi) respirava forte.

Através da soleira a estrela olhava.
O único deles que podia saber
o que aquele olhar queria dizer
era o menino; mas este calava.

Dezembro, 1995

O MARCO REFERENCIAL DO NATAL[1]
Uma conversa de Joseph Brodsky com Piótr Vail

PV: Joseph, as histórias e personagens bíblicas aparecem com alguma consistência nos seus poemas (ainda que em menor frequência do que as imagens da Roma e da Grécia antigas). Existe ao menos uma dúzia de poemas relacionados ao Natal. O que explica a atenção dispensada a este tema?

JB: Trata-se, sobretudo, de uma festa cronológica, ligada a uma realidade particular, ao movimento do tempo. O que é o Natal, no fim das contas? O aniversário de Deus feito homem. E para o homem é tão natural celebrá-lo como o é celebrar o próprio aniversário.[2]

---

1   Traduzido por Danilo Hora a partir da edição russa do livro, *Rojdéstvenskie stikhí* (Moscou: Nezavíssimaia Gazeta, 2ª edição, 1996), organizada pelo crítico literário e cultural Piótr Vail (1949-2009). Vail baseou-se em uma entrevista gravada com Brodsky em 1993, tendo cortado alguns pontos a fim de favorecer a leitura; outros pequenos cortes da edição americana foram aproveitados. Todas as notas são do tradutor.

2   Vale notar que entre os cristãos ortodoxos russos é costume celebrar o dia do santo que dá nome a uma pessoa da mesma forma que se celebra o seu aniversário.

PV: O primeiro poema de Natal incluído nas suas coletâneas data de 1961, «Romança de Natal», dedicado a Evguêni Rein.

JB: Desde que comecei a escrever poesia a sério — ou mais ou menos a sério —, tentei compor um poema a cada Natal, como uma espécie de mensagem de congratulação. Muitas vezes perdi a oportunidade, deixei escapar. Uma ou outra circunstância me impediu.

PV: Vendo de fora, é possível apenas especular sobre os seus motivos pessoais, mas qualquer leitor tem o direito de julgar a visão de mundo de um poeta. Você claramente se interessa mais pelo tempo do que pelo espaço. O cristianismo — em contraste, por exemplo, às religiões orientais — estrutura o próprio tempo. Antes de mais nada, justamente por afirmar o fato da Natividade como um marco referencial universal, histórico e muito bem determinado.

JB: Esse tipo de temeridade histórica, por assim dizer, é inerente a toda doutrina religiosa. Temos a categoria a.C., isto é, «antes do nascimento de Cristo». O que esse «antes» contém? Não só, digamos, César Augusto e seus predecessores, como também todos os períodos geológicos, que por fim remontam, praticamente, ao domínio da astronomia. Isso sempre me deixou um tanto aturdido. O que o Natal tem de tão extraordinário? É o fato de estarmos lidando com um cálculo de toda a vida — ou, no mínimo, da existência — feito na consciência de um único indivíduo, um indivíduo específico.

PV: Joseph, os seus poemas de Natal de 1988 a 1991 foram escritos em um mesmo metro. Se nos primeiros poemas encontramos iambos, anapestos e *dolniki*[3] acentuados de várias formas, esses quatro últimos estão em anfíbraco clássico de quatro pés (que, aliás, é o metro de «A estrela de Natal», de Pasternak). Isso é mera coincidência ou assinala uma certa estabilidade, o firmamento de uma tradição?

JB: Creio que seja mais a marca de uma determinada tonalidade. O anfíbraco me atrai por expressar certa monotonia. Ele apaga os acentos. Apaga o patético. É um metro absolutamente neutro.

PV: O metro da fala?

JB: O metro da narrativa. Ele narra... não exatamente com indolência, mas com uma espécie de desa-

---

3   Na versificação russa, o *dolnik*, ou *pauznik*, é o verso organizado apenas pelo número de acentos tônicos.

grado no que concerne ao processo. É um metro que, da forma como eu vejo, possui a entonação inerente ao tempo em si. É claro que o mesmo efeito pode ser alcançado também com o iambo, o hexâmetro e outros metros, desde que se tenha a perspicácia. Mas com ele a monotonia é natural. Além do que, esses poemas foram compostos em parelhas, como se fossem dísticos. É a forma mais costumeira do verso popular. Grosso modo, é uma imitação do folclórico.

PV: A forma certamente está conectada ao conteúdo. Seus poemas dos anos 1960 e 1970 se assemelham a fantasias em torno do tema natalino. Em vários deles — por exemplo, em «Discurso sobre o leite derramado» — o enredo se afasta imensamente do primeiro verso: «Cheguei ao Natal e meu bolso está furado». Pode-se dizer, simplificando um pouco, que você começou escrevendo poemas por ocasião do Natal, e que nos anos recentes tem escrito poemas sobre o Natal. De modo correspondente, a forma, como você acaba de colocar, torna-se neutra. Seria porque o próprio tema não exige nenhum tipo de ornamento?

JB: Correto, não há necessidade de se exibir. De qualquer forma, o leitor — e eu não sei quem seria esse leitor —, mas, em todo caso, o leitor não deve achar esses textos particularmente complexos.

PV: Lembro de estar uma vez na sua casa, quando um artista lhe trouxe uma série de gravuras de presente. O tema era a Paixão de Cristo — tinham um caráter grotesco, a ação se passava na Jerusalém dos dias de hoje, em trajes modernos. Ao mesmo tempo, era tudo muito profissional, muito bem feito, e não carecia de certo brilho. Mas, pelo que eu me lembro, você não conseguiu esconder a irritação.

JB: A coisa mais desagradável de todas é quando alguém tenta introduzir o seu drama pessoal nos temas bíblicos, e em particular nos Evangelhos. Há um certo narcisismo nisso, um certo egoísmo, não há? Eu sempre acho desagradável quando um artista contemporâneo começa a virar a si mesmo do avesso, demonstrando sua técnica estupenda em detrimento do tema. São situações em que nos deparamos com o caso do mesquinho interpretando o grandioso.

PV: O drama de um simples ser humano — digamos, Ovídio, ou, para irmos além, uma personagem como Hamlet, por exemplo —, nesse caso também se trata de um conflito grandioso. De acordo com essa lógica, não poderíamos deixar-nos arrastar para dentro do nosso próprio drama.

JB: Mas podemos. E você pode se deixar arrastar

para dentro de temas dos Evangelhos também, se considerá-los situações arquetípicas. Mas nisso há sempre um elemento colossal de mau gosto. Bem, essa é a forma como eu fui criado, ou melhor, a forma como eu me criei. Quando se entra em contato com um drama e com um herói, é preciso tentar entender como foi aquilo para ele, e não como é para você. Acontece de um poeta escrever sobre a morte de fulano de tal e, é comum, estar apenas expondo o seu próprio *Weltschmerz*,[4] ele sente pena de si mesmo. E logo perde de vista o seu ente que se foi, e, se lágrimas chegam a ser derramadas, é frequentemente porque ele próprio está fadado ao mesmo destino. Isso tudo é de um mau gosto extraordinário, nem mau gosto chega a ser, é só uma chafurda em um sentido, bem...

PV: ... metafísico.

JB: Sim.

PV: Mas, se trata-se mesmo de uma chafurda, então é apenas no sentido metafísico, porque no nível mundano, humano da coisa, é algo bastante compreensível.

---

4   Termo alemão que costuma ser traduzido por «dor do mundo» ou «cansaço do mundo».

jb: Sim, é natural no nível humano, mas mesmo nesse nível o que acaba sendo é que você não ama a pessoa que partiu, mas a si mesmo; que você não tem pena dela, mas de si mesmo. O que eu acho é que devemos sempre ter mais pena do outro. É assim que a coisa me parece, mas talvez seja uma questão de temperamento, certo? Por exemplo, eu nunca enfrentaria ninguém em defesa de mim mesmo, mas quando é em defesa de outra pessoa a gente sempre acaba intervindo. Eu sempre fui capaz de dar a outra face às autoridades soviéticas enquanto era eu quem vinha sendo surrado — quero dizer, não me importava, acho que mereci tudo aquilo. Mas, quando surravam outra pessoa na minha frente, aquilo já era impossível de aceitar. E nem estou falando de cristianismo; esse tipo de coisa é, de maneira geral, pré-cristã. E eu tenho algo de cristão, de qualquer forma.

pv: Em todo caso, você não é ortodoxo. O seu Natal é em 25 de dezembro, e não em 7 de janeiro.

jb: A resposta é simples. A tradição da celebração do Natal é muito mais desenvolvida e diversa na igreja romana do que na ortodoxa russa. Para mim, então, não existe essa pergunta, se é «nosso» ou «deles». Lá, onde tudo começa, é também onde tudo vai dar.

PV: Ou seja, a sua atitude em relação a isso, se é que podemos colocar dessa forma, é simplesmente cristã.

JB: Pode-se colocar dessa forma. Vou contar como tudo começou. Os primeiros poemas de Natal eu escrevi, se não me engano, em Komarovo. Eu morava numa datcha, não lembro de quem, talvez fosse de Aksel Berg, o acadêmico. E lá eu recortei uma imagem de uma revista polonesa, acho que era a *Przekrój*. Era uma *Adoração dos magos*, não me lembro de qual artista. Eu colei a figura no forno de barro e costumava admirá-la à noite. Depois ela pegou fogo, a imagem, junto com o forno e a datcha. Mas na época eu ficava a admirá-la e decidi escrever um poema sobre esse mesmo tema. Ou seja, tudo começou não com um sentimento religioso, nem com Pasternak ou Eliot, mas com uma pintura.

PV: E que tipo de imagem visual, atualmente, está relacionada ao Natal para você? A paisagem natural ou a urbana?

JB: A natureza, é claro. Por uma série de motivos, mas, sobretudo, porque estamos falando de um fenômeno orgânico, natural. Além disso, para mim, por tudo estar relacionado à pintura, a cidade raramente aparece na história do Natal. Quando o pano de fundo é a natureza, o fenômeno em si torna-se mais... eterno, suponho. Ao menos, fora do tempo

PV: Perguntei sobre a cidade pois lembro de você dizer que gosta de celebrar esse dia em Veneza.

JB: O mais importante é que lá tem água — o que não faz conexão direta com o Natal, mas com Cronos, com o tempo.

PV: Isso lembra a questão do marco referencial.

JB: Também. Mas a respeito da própria água já foi dito: «E o espírito de Deus se movia sobre a face das águas». E refletia-se nela, até certo ponto — todas essas pequenas rugas, e assim por diante. Por isso, é agradável olhar para a água no Natal, e para isso não há lugar mais agradável do que Veneza.

PV: Quando se está cercado de água, a terra firme se torna mais importante. De início, essa situação parecia bastante exótica para você — a julgar pelo poema de 1973, escrito em Veneza: «Natal sem neve, abetos e ornamentos/ junto ao mar que o mapa constrangeu». Você parece ter encontrado algo mais substancial do que os ornamentos. E eles, assim como, aliás, os abetos e a neve, não tinham como existir no acontecimento original, nem naquela pintura que você colou no forno de barro, na datcha em Komarovo. O que te atraiu tanto naquele quadro?

JB: Veja, na psiquiatria existe um conceito chamado «complexo de *capuchon*». É quando uma pessoa quer se proteger do mundo, ela cobre a cabeça com um capuz e fica sentada com as costas arqueadas. Naquele quadro, e em outros semelhantes, esse elemento está presente — sobretudo por causa da caverna, certo? Assim as coisas me parecem. De modo geral, tudo começou, como eu acabei de dizer, não por motivos religiosos, mas estéticos. Ou psicológicos. Eu simplesmente gostei daquele capuz, gostei de tudo estar tão concentrado em um único lugar — que é o que temos na cena da caverna. No que concerne a isso — e nem é preciso dizer que será em vão entrar em polêmica —, eu até tenho algumas objeções ao tratamento desse tema por Pasternak, e especificamente em seu «A estrela de Natal».

PV: Me parece que já é a terceira vez que o nome de Pasternak surge nesta conversa, o que é natural — na poesia russa do século XX, ninguém deu tanta atenção aos temas do Evangelho. E você deve se lembrar disso mais que qualquer um. Creio não se tratar de coincidência que o seu poema de 1987 chame-se «A estrela de

Natal», assim como o de Pasternak. Quais são as suas objeções em relação a Pasternak?

JB: No poema dele, existe uma força centrífuga a agir. O raio da ação está sempre a se expandir, afastando-se da figura central, do Menino, quando, em essência, deveria ser o exato oposto.

PV: E o seu movimento é centrípeto. No poema de 1989 isso fica expresso inequivocamente, embora seja paradoxal: «três raios ao chegar à estrela», e não partindo da estrela.

JB: Exato. Quer dizer, não pretendo afirmar que só eu estou certo. Mas é assim que as coisas me parecem, não?

PV: A sua abordagem dos temas cristãos, segundo você mesmo, é «simplesmente cristã». Mas a concentração em torno do tema do Natal, isso já é uma espécie de escolha. Afinal, no cristianismo ocidental é essa a festa principal, a preferida, enquanto no Oriente é a Páscoa.

JB: Aí está toda a diferença entre o Oriente e o Ocidente. Entre nós e eles. O nosso *páthos* é o das lágrimas. A lágrima é a ideia principal da Páscoa.

PV: A mim parece que a diferença principal se dá entre o racionalismo ocidental e o misticismo oriental. Uma coisa é nascer — todos precisam nascer —, mas ressuscitar, isso já é algo completamente distinto: trata--se de um milagre.

JB: Sim, sim, isso também. Mas na base de tudo está o puro júbilo do Natal e...

PV: ... e o júbilo por meio do sofrimento.

JB: E o júbilo por meio do sofrimento. É por isso que Pasternak tem poemas de longe mais estupendos — os poemas sobre a Crucificação, sobre Maria Madalena. São poemas maravilhosos, o final é absolutamente fantástico. E sobre isso eu tenho algo a dizer. Pasternak é o poeta do microcosmo, mas, no seu poema de Natal, e nos dois sobre Maria Madalena, todo o movimento vai contra a natureza dele, contra aquilo que nós sempre encontramos nele. Nos poemas sobre os Evangelhos, como eu já disse, o movimento é centrífugo. A ponto de ele ir muito além da doutrina. Por exemplo, quando escreve: «Na cruz os teus braços se alargam, fartos,/ De uma a outra ponta, para o grande abraço».[5]

5   Versos do poema «Magdalina» (1949), de Pasternak, escrito na voz de Maria Madalena.

pv: Certamente, a palavra «fartos» foi um pouco demais.

jb: É uma heresia, se preferir. Mas aí se manifesta a força centrífuga do poema. O que torna extraordinária a literatura refinada é justamente que, quando se emprega material religioso, o apetite metafísico do poeta ou do poema cresce e vai muito além do apetite metafísico da doutrina em si. O que está acontecendo nesse poema? Segundo a doutrina, Cristo ressuscitou. Mas o próprio poema o indica — as estrofes se acumulam e vão adquirindo uma massa que exige o movimento seguinte, um alargamento.

pv: A doutrina, por definição, restringe, delimita.

jb: Mas o poema não cabe nos limites da doutrina. O mesmo acontece, digamos, com a *Divina comédia* — o seu mundo é muito mais vasto do que aquele prescrito pelo tema.

pv: Mas, em seu «A estrela de Natal», Pasternak não ultrapassa os limites da heresia.

jb: Ali existe outro tipo de alargamento. A mim parece que a fonte desse poema é a mesma do meu — a pintura italiana. Esteticamente, o poema me lembra Mantegna ou Bellini; ali, o tempo todo há círculos, arcos, elipsoides. «Lápides, cercados,/ Uma estaca na neve espessa,/ Assoma sobre a necrópole um céu forrado de estrelas» — você pode ouvi-los em todos esses *as* e *os*.[6] Isso, combinado com a nossa estética nacional, resulta em um ícone. Ele está o tempo todo construindo esses nimbos, alargando-se. Há muitas coisas no poema de Natal de Pasternak — a pintura italiana, Brueghel, uns cachorros correndo, e assim por diante. Nele já existe a paisagem de Zamoskvoriéts, um quê de Savrássov.[7]

PV: As gralhas, em todo caso, estão lá: «Os ninhos das gralhas e os cimos das árvores».

JB: A fonte tanto desse ciclo de poemas como, até onde sabemos, da conversão de Pasternak — e eu estou me permitindo uma coisa absolutamente inaceitável, dando palpites acerca do seu sentimento religioso —, creio que essa fonte seja principalmente a pintura italiana. É bem possível que fosse um livrinho ilustrado.

6   Este poema de Pasternak, «A estrela de Natal», foi incluído no seu romance *Doutor Jivago*.

7   Zamoskovoriéts, ou Zamoskovoriétche, é um bairro de Moscou conhecido por suas catedrais. Aleksei Savrássov (1830-1897) foi um pintor de «paisagens líricas»; seu quadro mais famoso é *As gralhas retornaram*, de 1871.

PV: Como aquele que você mesmo viu?

JB: Sim, sim. Mas também é bem possível que eu esteja enganado.

PV: No século XX houve outro escritor que trabalhou de perto os temas do Evangelho: Mikhail Bulgákov.

JB: Esse cavalheiro, de todas as pessoas, é quem menos me inspira uma boa impressão.

PV: De todas as pessoas que trataram desse tema?

JB: De todas as pessoas que são conhecidos prosadores russos. Isso se aplica a tudo o que ele escreveu, exceto ao *Romance teatral*. No que concerne aos Evangelhos, sua obra é, e em grau bastante elevado, uma paráfrase de Dmitri Merejkóvski e, de modo geral, da literatura daquela época. O melhor que posso dizer é que se trata de uma boa colagem. Além disso, nesses assuntos Bulgákov comprometeu-se extremamente por causa de seus divertimentos com o demônio.

PV: Então, na sua opinião, quem na literatura russa teve êxito no tratamento dos temas bíblicos, evangélicos?

JB: Fiódor Sologub, talvez. E Mikhail Lomonóssov e Vassili Trediakóvski fizeram arranjos extraordinários. Mas, em geral, não sei dizer assim, de pronto. Temos

Pasternak, é claro. Mas, no que se aplica ao todo, por assim dizer, não existe essa tradição na nossa literatura refinada. Os assuntos religiosos foram mediados pela própria vida, constituem uma parte da vida, e talvez não tenha ocorrido a ninguém sentar para escrever um poema dedicado a uma festa em particular. É verdade que os poemas de Páscoa são melhores.

PV: Joseph, no seu ensaio «Viagem a Istambul» você se expressa em termos muito precisos a favor do politeísmo em comparação com o monoteísmo, e deriva dessas categorias a democracia e o autoritarismo, respectivamente, como visões de mundo e estruturas sociais. Nas suas palavras, «na esfera da vida, o politeísmo puramente político é sinônimo de democracia. O poder absoluto e a autocracia são sinônimos — que lástima! — do monoteísmo».

JB: Ainda vejo as coisas dessa mesma maneira. De modo geral, creio que o conflito entre politeísmo e monoteísmo talvez seja uma das circunstâncias mais trágicas na história da cultura. Me parece que em essência tal conflito não existe — especialmente se considerarmos a forma que ele tomou. Houve duas ou três pessoas na história do mundo que tentaram superar isso. Houve Juliano, o Apóstata, e Konstantínos Kaváfis tentou fazer algo semelhante na poesia. Ele escreveu seis ou sete poemas sobre o imperador Juliano. Para os gregos, a ideia de Trindade foi como um estreitamento enfadonho da antiga amplitude.

PV: Um Olimpo mais escasso?

JB: Algo assim. Uma metafísica simplificada.

PV: Permita-me fazer uma pergunta íntima: você é uma pessoa religiosa, um fiel?

JB: Não sei. Às vezes sim, às vezes não.

PV: Não frequenta a igreja, isto é certo.

JB: Definitivamente certo.

PV: Não é ortodoxo, nem católico. Talvez protestante, em alguma de suas variações?

JB: Calvinismo. Mas, em geral, somente alguém que está extremamente convicto dessas coisas pode falar sobre elas. Eu não sou extremamente convicto de nada.

PV: Alguém extremamente convicto ou extremamente descarado.

JB: Devo me encaixar mais nesta última categoria do que nas anteriores. Também no protestantismo há muitas coisas que não me agradam, e em grau bastante elevado. Eu mencionei o calvinismo — e não especialmente a sério — porque, de acordo com a doutrina calvinista, o homem responde a si mesmo por tudo o que faz. Ou seja, em certa medida, ele é o seu próprio Juízo Final. Eu não tenho força para perdoar a mim mesmo. E, por outro lado, não sinto atração ou respeito por ninguém que poderia me perdoar. Quando mais jovem, tentei compreender tudo isso sozinho. Mas em algum momento percebi que sou apenas a soma de todas as minhas ações, dos meus atos, e não das minhas intenções.

1993

POEMAS VERTIDOS PARA O INGLÊS
POR JOSEPH BRODSKY

JANUARY 1, 1965

The kings will lose your old address.
No star will flare up to impress.
The ear may yield, under duress,
to blizzards' nagging roar.
The shadows falling off your back,
you'd snuff the candle, hit the sack,
for calendars more nights can pack
than there are candles for.

What is this? Sadness? Yes, perhaps.
A little tune that never stops.
One knows by heart its downs and ups.
May it be played on par
with things to come, with one's eclipse,
as gratefulness of eyes and lips
for what occasionally keeps
them trained on something far.

And staring up where no cloud drifts
because your sock's devoid of gifts

you'll understand this thrift: it fits
your age; it's not a slight.
It is too late for some breakthrough,
for miracles, for Santa's crew.
And suddenly you'll realize that you
yourself are a gift outright.

DECEMBER 24, 1971

For V.S.

When it's Christmas we're all of us magi.
At the grocers' all slipping and pushing.
Where a tin of halvah, coffee-flavored,
is the cause of a human assault-wave
by a crowd heavy-laden with parcels:
each one his own king, his own camel.

Nylon bags, carrier bags, paper cones,
caps and neckties all twisted up sideways.
Reek of vodka and resin and cod,
orange mandarins, cinnamon, apples.
Floods of faces, no sign of a pathway
toward Bethlehem, shut off by blizzard.

And the bearers of moderate gifts
leap on buses and jam all the doorways,
disappear into courtyards that gape,
though they know that there's nothing inside there:
not a beast, not a crib, nor yet her,
round whose head gleams a nimbus of gold.

Emptiness. But the mere thought of that
brings forth lights as if out of nowhere.
Herod reigns but the stronger he is,
the more sure, the more certain the wonder.
In the constancy of this relation
is the basic mechanics of Christmas.

That's what they celebrate everywhere,
for its coming push tables together.
No demand for a star for a while,
but a sort of good will touched with grace
can be seen in all men from afar,
and the shepherds have kindled their fires.

Snow is falling: not smoking but sounding
chimney pots on the roof, every face like a stain.
Herod drinks. Every wife hides her child.
He who comes is a mystery: features
are not known beforehand, men's hearts may
not be quick to distinguish the stranger.

But when drafts through the doorway disperse
the thick mist of the hours of darkness
and a shape in a shawl stands revealed,
both a newborn and Spirit that's Holy

in your self you discover; you stare
skyward, and it's right there:

a star.

STAR OF THE NATIVITY

In the cold season, in a locality accustomed to heat
                                    [more than
to cold, to horizontality more than to a mountain,
a child was born in a cave in order to save the world;
it blew as only in deserts in winter it blows, athwart.

To Him, all things seemed enormous: His mother's
                                    [breast, the steam
out of the ox's nostrils, Caspar, Balthazar, Melchior —
                                    [the team
of Magi, their presents heaped by the door, ajar.
He was but a dot, and a dot was the star.

Keenly, without blinking, through pallid, stray
clouds, upon the child in the manger, from far away —
from the depth of the universe, from its opposite end —
                                    [the star
was looking into the cave. And that was the Father's stare.

NATIVITY

No matter what went on around them; no matter
what message the snowstorm was straining to utter;
or how crowded they thought that wooden affair;
or that there was nothing for them anywhere;

first, they were together. And — most of all — second,
they now were a threesome. Whatever was reckoned —
the stuff they were brewing, accruing, receiving —
was bound to be split into three, like this evening.

Above their encampment, the sky, cold and idle,
and leaning as big things will do over little,
was burning a star, which from this very instant
had no place to go, save the gaze of the infant.

The campfire flared on its very last ember.
They all were asleep now. The star would resemble
no other, because of its knack, at its nadir,
for taking an alien for its neighbor.

LULLABY

Birth I gave you in a desert
not by chance,
for no king would ever hazard
its expanse.

Seeking you in it, I figure,
won't be wise
since its winter cold is bigger
than its size.

As you suck my breast, this vastness,
all this width,
feeds your gaze the human absence
it's filled with.

Grow accustomed to the desert
as to fate,
lest you find it omnipresent
much too late.

Some get toys, in piles and layers,
wrapped or bound.
You, my baby, have to play with
all the sand.

See that star, at terrifying
height, aglow?
Say, this void just helps it, eyeing
you below.

Grow accustomed to the desert.
Uniform
underfoot, for all it isn't,
it's most firm.

In it, fate rejects a phantom
faint or gross:
one can tell for miles a mountain
by a cross.

Paths one sees here are not really
human paths
but the centuries', which freely
through it pass.

Grow accustomed to the desert:
flesh is not —
as the speck would sigh, wind-pestered —
all you've got.

Keep this secret, child, for later.
That, I guess,
may just help you in a greater
emptiness.

Which is like this one, just ever-
lasting; and
in it love for you shows where
it might end.

Grow accustomed to the desert
and the star
pouring down its incandescent
rays, which are

just a lamp to guide the treasured
child who's late,
lit by someone whom that desert
taught to wait.

NOTAS DOS POEMAS

Romança de Natal
(Рождественский романс, pp. 10-15)

1   *Jardins Alexandrinos*
«Jardins de Alexandre» é o nome dado aos jardins contíguos ao Krêmlin.

2   *Ordynka*
Lugar das cúpulas douradas, em Moscou.

3   *Zamoskvoriéts*
Bairro localizado na margem direita do rio Moscou.

4   *khalvá*
Doce oriental à base de nozes.

1º de janeiro de 1965
(1 января 1965 года, pp. 16-19)

1   *meia*
Nos países que celebram a Epifania (ou Dia de Reis, em 6 de janeiro) é costume as crianças deixarem uma meia para ser enchida por presentes.

Discurso sobre o leite derramado
(Речь о пролитом молоке, pp. 20-53)

1   *Pugatchóv, Stenka Rázin.*
Personagens históricas que se tornaram heróis do folclore russo.

2   *Djugachvili*
Djugachvili é o sobrenome de Stálin.

3   *Krylóv*
Ivan Andréievitch Krylóv (1769-1844), o mais importante fabulista russo.

4   *Toptygin*
Personagem de uma fábula de Krylóv que passa a ser chefe da comunidade, mas fracassa.

5   *O gelo do bloqueio*
Refere-se ao cerco de Leningrado pelos nazistas, de setembro de 1941 a janeiro de 1944.

6   *os cárpatos*
Os Cárpatos, aqui tomados em sentido figurado, formam a ala oriental do grande sistema de montanhas da Europa, percorrendo 1.500 quilômetros ao longo das fronteiras da República Checa, Eslováquia, Polônia, Romênia e Ucrânia.

7   *Vólogda, Krestý, Butírki*
Vólogda: cidade ao norte da Rússia onde ficou exilado Brodsky, durante certo tempo. Krestý, Butírki, nomes de prisões, respectivamente, em Leningrado e Moscou. Na primeira, Brodsky também passou um período de detenção.

8   *Hensek*
Генсек (Hensek) é acrônimo de Генеральный секретарь, secretário-geral do Partido Comunista.

9   *Iásnaia Poliána, o fatiador de pão!*
Liev Tolstói, pregador da doutrina da não resistência ao mal, que viveu grande parte de sua vida na propriedade de Iásnaia Poliana.

10   *centão velho*
Antiga moeda de cem rublos.

Anno Domini
(Anno Domini, pp. 54-61)

1   *O Procônsul*
Um dos procônsules do imperador romano Augusto (63 a.C.-14 d.C.) que serviu como governador de uma província romana.

2   *e eu, ...*
Visão poetizada de um episódio da vida de Propércio (47 a.C.- -15 a.C.), que, apaixonado pela nobre romana Cynthia (identificada por Apuleio como Hóstia, mulher casada), dedicou-lhe uma coletânea de elegias, publicada em 28 a.C. Na relação entre ambos houve rupturas, devido — dizem — a infidelidades, o que explicaria o fato de Cynthia não querer vê-lo.

Laguna
(Лагуна, pp. 72-81)

1   *Solocha*
Nome da bruxa que aparece no conto «A noite antes do Natal», de Nikolai Gógol.

2   *Esperança, Fé / e Amor*
Viéra, Nadiéjda e Liubóv — Fé, Esperança e Amor, ou, em latim, Fides, Spes et Caritas —, mártires cujos nomes coincidem com as três virtudes teologais, veneradas junto com sua mãe, Sófia (Sabedoria).

***(Cai a neve e deixa...)
(***(Снег идет, оставляя), pp. 86-87)

1   *Pinkerton*
Agência de investigação e segurança particular fundada nos Estados Unidos da América, em 1850, por Allan Pinkerton, detetive que ficou famoso ao frustrar uma conspiração para o assassinato do presidente Abraham Lincoln. O incidente mais famoso em que esteve envolvida foi o da greve de Homestead, em 1892, quando centenas de agentes da Pinkerton forçaram truculentamente o fim da greve, matando nove pessoas.

NOTAS DOS POEMAS VERTIDOS PARA O INGLÊS POR
JOSEPH BRODSKY

January 1, 1965
(pp. 137-138)

Esta versão de «1 ianvariá 1965 gôda» [«1º de janeiro de 1965»], feita por Brodsky, foi encontrada apenas depois de sua morte e não consta nos seus *Collected Poems in English*. Foi publicada em *Nativity Poems* (Nova York: Farrar, Straus and Giroux, 1991).

December 24, 1971
(pp. 139-141)

Esta versão de «24 dekabriá 1971 gôda» [«24 de dezembro de 1971»], feita pelo autor em parceria com Alan Myers, foi publicada em dezembro de 1978 na revista *New York Review of Books.*

Star of the Nativity
(p. 143)

Esta versão de «Rojdéstvienskaia zviezdá» [«A estrela de Natal»], feita pelo autor, foi publicada em 24 de dezembro de 1988 no jornal *The New York Times.*

Nativity
(p. 145)

Esta versão de «Ne vájno, tchto bylo vokrug, i ne vájno...» [Não importa o que havia em volta, e não importa...], feita pelo autor, foi publicada em *A Garland for Stephen*, organizado por Barry Humphries (Edinburgh: The Tragara Press, 1991), uma coletânea de poemas de vários autores em homenagem a Stephen Spender.

Lullaby
(pp. 147-149)

1   Esta versão de «Kolybiélnaia» [«Canção de ninar»], feita pelo autor, foi publicada em 20 de dezembro de 1993 na revista *The New Yorker*.

ÍNDICE DOS POEMAS

ÍNDICE DOS TÍTULOS DOS POEMAS EM LÍNGUA RUSSA

108	*** (В воздухе — сильный мороз и хвоя ...)
62	*** (Второе Рождество на берегу ...)
82	*** (Замерзший кисельный берег ...)
94	*** (Не важно, что было вокруг ...)
92	*** (Представь, чиркнув спичкой ...)
86	*** (Снег идет, оставляя весь мир ...)
16	1 января 1965 года
66	24 декабря 1971 года
106	25.XII.1993
54	Anno Domini
96	Presepio
90	Бегство в Египет
110	Бегство в Египет (II)
100	Колыбельная
72	Лагуна
20	Речь о пролитом молоке
88	Рождественская звезда
10	Рождественский романс

ÍNDICE DOS TÍTULOS DOS POEMAS EM LÍNGUA PORTUGUESA

83	*** (Beira gelada de creme ...)
87	*** (Cai a neve e deixa o mundo inteiro ...)
95	*** (Não importa o que havia em volta ...)
109	*** (No ar, gelo forte e agulhas de pinheiro ...)
63	*** (O segundo Natal à beira)
93	*** (Pensa na gruta, naquela noite ...)
17	1º de janeiro de 1965
67	24 de dezembro de 1971
107	25.XII.1993
89	A estrela de Natal
55	Anno Domini
101	Canção de ninar
21	Discurso sobre o leite derramado
91	Fuga para o Egito
111	Fuga para o Egito II
73	Laguna
97	Presépio
11	Romança de Natal

BIOGRAFIA

Joseph Brodsky, prêmio Nobel de Literatura 1987, nasceu em 1940, em São Petersburgo. Em 1972 foi exilado da Rússia, passando a viver em Nova York, onde morreu em 1996, sem nunca ter voltado ao seu país natal. Entre os seus livros publicados no Brasil estão *Sobre o exílio* (Âyiné, 2016), *A musa em exílio* (Âyiné, 2018).

Das Andere

1   *Kurt Wolff,* **Memórias de um editor**
2   *Tomas Tranströmer,* **Mares do Leste**
3   *Alberto Manguel,* **Com Borges**
4   *Jerzy Ficowski,* **A leitura das cinzas**
5   *Paul Valéry,* **Lições de poética**
6   *Joseph Czapski,* **Proust contra a degradação**
7   *Joseph Brodsky,* **A musa em exílio**
8   *Abbas Kiarostami,* **Nuvens de algodão**
9   *Zbigniew Herbert,* **Um bárbaro no jardim**
10   *Wisława Szymborska,* **Riminhas para crianças grandes**
11   *Teresa Cremisi,* **A Triunfante**
12   *Ocean Vuong,* **Céu noturno crivado de balas**
13   *Multatuli,* **Max Havelaar**
14   *Etty Hillesum,* **Uma vida interrompida**
15   *W. L. Tochman,* **Hoje vamos desenhar a morte**
16   *Morten R. Strøksnes,* **O Livro do Mar**
17   *Joseph Brodsky,* **Poemas de Natal**

DIRETOR EDITORIAL
Pedro Fonseca

CONSELHEIRO EDITORIAL
Simone Cristoforetti

PRODUÇÃO
Zuane Fabbris editor

IMAGEM DA CAPA
Julia Geiser

PROJETO GRÁFICO
ernésto

EDITORA ÂYINÉ
Praça Carlos Chagas, 49 2º andar
CEP 30170-140 Belo Horizonte
+55 (31) 32914164
www.ayine.com.br
info@ayine.com.br
info@oficina-ernesto.com

TÍTULO ORIGINAL
Рождественские Стихи

© 2001 The Estate of Joseph Brodsky

© 1996, Peter Vail
A Conversation with Joseph Brodsky

© 2019 EDITORA ÂYINÉ
1ª edição novembro 2019

ISBN 978-85-92649-58-6

PAPEL: **Polen Bold 90 g**
IMPRESSÃO: **Artes Gráficas Formato**